Inégalités et croissance

Collection « Questions économiques »
Dirigée par Xavier Richet

Croissance, décroissance, crises, chômage, inégalités, innovation, mondialisation, démondialisation, post-capitalisme… Jamais les « questions économiques » n'ont été aussi nombreuses et aussi complexes à appréhender.

Le pari de la collection « Questions économiques » est d'offrir un espace de réflexion et de débat à tous ceux, chercheurs, militants ou praticiens, qui osent penser autrement, exprimer des idées neuves et ouvrir de nouvelles pistes à la réflexion collective.

Déjà parus

Mengya Xu, *Les stratégies d'expansion des firmes transnationales. Le cas des entreprises françaises en Chine*, 2021.
Thierry Hance, *Vers une économie verte et bienveillante*, 2021.
Nicolas Huchet, *La nouvelle Europe bancaire et financière*, 2020.
Cécile Bastidon, Azzedine Ghoufrane, Ahmed Silem (dir.), *Zone de libre-échange continentale et intégration régionale en Afrique*, 2020.
Mohammed Benlahcen Tlemçani, Zineddine Khelfaoui, Sofiane Tahi (dir.), *Capital humain et dynamiques économiques*, 2020.

Didier Cornuel

Inégalités et croissance

Une contre-analyse

L'Harmattan

Du même auteur

Marché du logement et aides publiques, L'Harmattan 2017

Économie immobilière et des politiques du logement, De Boeck 2013

Son blog sur les questions immobilières :

https://www.economieimmobiliere.com/

5-7, rue de l'École-Polytechnique – 75005 Paris
www.editions-harmattan.fr
ISBN : 978-2-343-23670-4
EAN : 9782343236704

Avant-propos

Ce texte est né de la lecture de l'ouvrage de Thomas Piketty « Le capital au 21ème siècle »[1]. Il traite des inégalités de revenu et de ce qu'il appelle « le capital », qui est en fait les patrimoines. En le lisant j'ai rapproché cet exposé avec certains faits que je connais concernant l'immobilier et l'analyse que l'on pouvait en faire. Il m'est apparu qu'il y avait des fautes délibérées notamment sur les concepts de l'analyse économique. J'ai fait à l'époque un commentaire de cet ouvrage sur mon blog[2]. D'autres ont fait des commentaires semblables (voir par exemple Bonnet *et alii*[3]). Il m'est apparu souhaitable de restituer de manière plus globale la réalité des inégalités en France telle que les données de la statistique publique la montrent et de rétablir les concepts et les mécanismes de base de l'analyse économique. C'est l'objet de ce texte.

---

1 Edition du Seuil, 2013.

2 https://www.economieimmobiliere.com/capital-et-patrimoine-immobilier-a-propos-de-louvrage-de-thomas-piketty-le-capital-au-xxieme-siecle-2/

3 Le capital logement contribue-t-il aux inégalités ? Retour sur Le capital au XXIe siècle de Thomas Piketty, LIEPP working paper avril 2014, n°25.

Chapitre 1 Introduction : l'argumentaire

La question des inégalités intéresse les économistes de longue date, sous ce qualificatif ou sous d'autres comme celui de répartition des revenus, des richesses, etc. ou celui de justice sociale.

Les économistes s'intéressent à la question sous deux angles d'approche. Le premier est entièrement économique. Il s'agit d'apprécier dans quelle mesure les inégalités, notamment de revenu, impactent les activités économiques et, de manière synthétique, la croissance. L'idée est que la répartition du revenu national entre d'une part l'épargne-investissement et d'autre part la consommation impacte la croissance. Les auteurs (néo)classiques pensent que la croissance est soutenue par l'investissement et l'accumulation du capital. Keynes considère au contraire que c'est la consommation qui est le moteur de l'activité économique. On verra qu'en réalité c'est assez largement indifférent à long terme.

L'autre manière d'envisager les inégalités est de les considérer dans leur dimension sociale. De ce point de vue les inégalités doivent être réduites. L'argumentaire est alors recherché en dehors de l'analyse économique, notamment dans la philosophie sociale dans des travaux comme ceux de John Rawls, d'Amartya Sen et d'autres. Les économistes peuvent conceptualiser ces questions en mobilisant des concepts d'analyse économique comme ceux de risque social ou de fonction de bien-être social. Ils peuvent aussi contribuer à définir les concepts concernant les inégalités ou analyser les effets des politiques publiques sur leur réduction[4]. Ils peuvent encore contribuer à élaborer des instruments propres à réduire ces inégalités, voir à ce sujet les travaux d'Antony Atkinson ou d'Esther Duflo. Mais les finalités de ces mesures correctives des inégalités ne sont pas fournies par l'analyse économique. Cette seconde approche est assez largement en dehors du propos de ce texte.

Récemment un point de vue sur les inégalités a été exposé par Thomas Piketty dans son ouvrage « Le capital au 21ème siècle ». Cet ouvrage a connu un grand succès et l'écho qui en a été donné par de multiples instances permet de considérer que son point de vue est assez largement dominant. L'ouvrage est argumenté avec des données statistiques sur la situation française et sur celle des Etats-Unis. L'idée fondamentale de cette thèse est que l'accroissement des inégalités de revenu explique l'accroissement des inégalités de fortunes. De ce point de vue on peut en déduire que cet excès d'accumulation au détriment de la consommation explique la médiocrité de la croissance.

On va montrer que ce point de vue repose sur une vision partielle donc partiale des inégalités de revenu en se focalisant sur les plus riches. En fait si l'on considère la distribution de l'ensemble des revenus depuis quelques décennies, les inégalités n'ont que faiblement évolué et leur accroissement est insuffisant pour expliquer celui des inégalités de patrimoine. L'accroissement incontestable des inégalités de patrimoine est imputable, d'une part à des

---

[4] Pour des exemples de ce type de travaux dans le domaine du logement, voir de l'auteur « squattage militant : entre efficience parétienne et principes de justice » et « les effets redistributifs des aides au logement », travaux référencés sur le site de l'auteur.

facteurs financiers, en particulier la chute des taux d'intérêt. On montrera aussi que cette faiblesse des taux d'intérêt handicape la croissance à long terme. Ces inégalités dépendent d'autre part des revenus futurs qui sont l'expression de la croissance à venir. C'est dire que la valeur des patrimoines est dans une relation ambigüe avec la croissance.

La question des inégalités est d'abord une question de faits. Quand les évolutions sont faibles il est impossible d'identifier leur sens sans passer par l'observation statistique. Dans certains cas où les évolutions sont considérables elles sont observables à l'œil nu. Ainsi tout le monde a pu constater sans consulter les statistiques que les prix de l'immobilier avaient connu une flambée depuis le début des années 2000. Cette évolution est un aspect essentiel de la croissance des patrimoines, en France mais aussi dans d'autres pays. Cela n'empêche pas Piketty d'affirmer « qu'il est possible d'expliquer l'essentiel de l'accumulation du capital privé entre 1970 et 2010 par les volumes d'épargne observés entre des deux dates (et de capital initial) sans qu'il soit nécessaire de supposer une forte hausse structurelle du prix relatif des actifs ». Ainsi la flambée des prix de l'immobilier et des autres actifs serait une supposition. En fait cette affirmation relève d'un déni de réalité. La flambée des prix des actifs est une réalité incontestable, observable par l'expérience et mise en évidence par la statistique en France et dans la plupart des pays du monde. C'est bien cette hausse des prix qui a revalorisé les patrimoines immobiliers, comme elle l'a fait pour d'autres types d'actifs.

On mobilisera les données statistiques que l'on confrontera aux mécanismes économiques qui ont conduit à l'évolution des égalités telle qu'on peut l'observer. Pour que ces données soient le moins contestables possible on se limite essentiellement au cas français et aux données de la statistique publique. On fera toutefois quelques commentaires sur la situation mondiale ou celle d'autres pays. On se focalise aussi sur les dernières décennies qui sont les mieux documentées, non sans quelques références aux périodes antérieures.

1 Le point de vue dominant sur les inégalités et la croissance

Le fond du raisonnement dominant est le suivant. Les plus riches prélèvent une part plus grande de la richesse produite. Ils l'accumulent sous forme de capital plutôt que de la dépenser comme consommation, ce qui freine la croissance.

Cette analyse repose sur une faute conceptuelle et une erreur factuelle. La faute conceptuelle est l'assimilation[5] du patrimoine au capital alors que ce sont deux notions économiques différentes. L'erreur factuelle est d'imputer l'enrichissement des plus riches à un prélèvement accru sur la richesse produite. Le logement est le domaine clé pour la compréhension de l'accroissement des inégalités de patrimoine. Il suffit que le raisonnement soit en défaut sur ce type d'actif pour qu'il soit invalidé pour les autres.

Un bien immobilier se compose d'un bâtiment sur un terrain sous-jacent. Le bâtiment est d'abord du capital, c'est-à-dire un bien produit, durable et qui s'amortit dans le

[5] « Pour simplifier l'exposition nous utiliserons les mots « capital » et « patrimoine » de façon interchangeable, comme des synonymes parfaits », Piketty, op.cit. page 84.

temps. C'est aussi potentiellement du patrimoine, c'est-à-dire quelque chose qui peut générer de l'argent dans le futur. Le terrain sous-jacent est le plus souvent du patrimoine parce qu'il peut rapporter de l'argent dans le futur, mais n'est pas du capital parce qu'il n'est pas produit. Un élément de patrimoine, un actif, est une créance sur le futur. C'est ce qui peut rapporter de l'argent, soit en le cédant soit en en tirant un revenu. Le capital est un produit qui sert à produire d'autres biens et services. Il a un coût de production, il s'amortit. Il peut devenir du patrimoine s'il est susceptible de rapporter de l'argent. Tout l'art du « capitaliste » est de transformer du capital en un patrimoine de valeur supérieure.

L'erreur est d'imputer l'accroissement des patrimoines depuis 2000 à un prélèvement accru sur la richesse produite. Là aussi l'immobilier est la meilleure manifestation de cette erreur. La majorité des ménages est propriétaire d'un logement et un bon nombre l'est depuis le début des années 2000. En 2000 la valeur moyenne de leur logement était de 100 000€. En 2020 elle est le double. D'où vient l'argent ? Qu'ont fait les propriétaires pour doubler la valeur patrimoniale de leur logement ? Rien. Le bien n'a pas changé, à la réserve près des éventuels travaux d'entretien pour maintenir le niveau de prestations ou l'améliorer.

L'augmentation de valeur du bien est un pur effet de prix, autrement dit un phénomène purement nominal. Et ce doublement des prix ne doit rien à l'évolution des loyers. L'indice du prix des loyers a évolué comme l'inflation. Il n'y a donc pas eu davantage d'argent prélevé sur les locataires. Le phénomène marquant de ces 20 dernières années est bien la distorsion entre le prix des logements et le prix des loyers (cf. graphique 1).

Graphique 1 : Prix des logements et prix des loyers (inflation déduite)

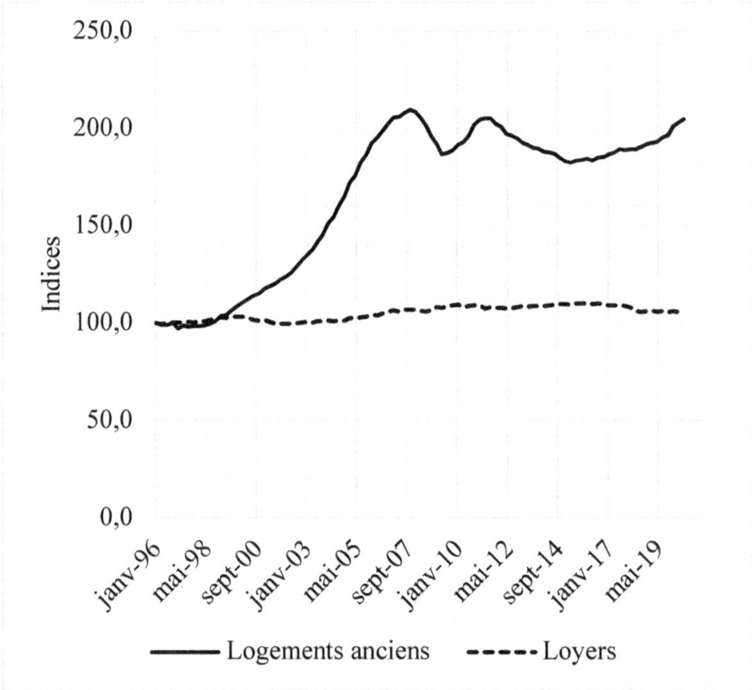

Source : données INSEE

L'explication de cette distorsion réside dans la nature de patrimoine des biens immobiliers. De manière synthétique, la valeur d'un actif patrimonial est égale à son revenu divisé par le taux de rendement. Le revenu est déterminé par le marché du bien ou du service généré par le patrimoine, en l'occurrence le marché immobilier locatif. Le taux de rendement est défini par les marchés financiers et correspond au taux d'intérêt plus une prime de risque. S'agissant des logements, le revenu sous forme de loyer est resté stable, mais le taux de rendement a chuté au moins de moitié, ce qui mécaniquement a revalorisé les patrimoines dans la proportion inverse en en doublant la valeur. Ainsi le prix des actifs évolue en fonction inverse de leur rendement. Ce mécanisme explique la flambée des prix du logement mais il est aussi à l'œuvre dans la détermination de la valeur des autres actifs patrimoniaux. Ce qui diffère, ce sont les revenus de ces actifs. C'est notamment le cas des actifs financiers dont les perspectives de valorisation sont beaucoup plus hétérogènes selon l'activité économique et selon l'entreprise.

Dans cette analyse on ne considère pas les plus-values sur les patrimoines comme du revenu. Ce n'est pas du revenu parce que ce n'est pas arbitrable entre consommation et épargne comme on peut le faire avec un revenu effectif. Les plus-values sont par nature incorporées dans les patrimoines. Elles ne peuvent faire l'objet d'un arbitrage que lorsqu'elles sont monétisées par des cessions d'actifs. Considérer les plus-values comme du revenu revient à imputer l'accroissement des patrimoines à...l'accroissement des patrimoines sous forme de plus-values.

2 Une contre-analyse

Si le point de départ de ce texte est une contestation de l'analyse dominante, on cherche surtout à rétablir la réalité des faits et l'analyse pertinente pour en rendre compte. Dans la suite du texte on montrera que :

1. Les inégalités de revenu ou de niveau de vie se sont peu accrues depuis 20 ans.
2. Les inégalités de patrimoine se sont accrues ou plus exactement certaines composantes du patrimoine se sont fortement valorisées.

3. Les inégalités de revenu ne peuvent pas expliquer l'accroissement des inégalités de patrimoine.
4. A l'inverse ce sont les inégalités de patrimoine qui peuvent contribuer à l'accroissement des inégalités de revenu
5. La revalorisation des patrimoines s'explique par l'évolution des deux facteurs qui les déterminent, les taux de rendement et les revenus futurs.
6. Ce sont les revenus futurs qui sont représentatifs de la croissance et les taux de rendement des investissements qui limitent la croissance, ce qui donne aux valeurs patrimoniales une relation ambigüe avec la croissance.

Les inégalités de revenu ou de niveau de vie se sont peu accrues depuis 20 ans. Quand on affirme cela, comment peut-il y avoir désaccord dans la mesure où c'est une question de fait qui est objectivée par des indicateurs ? Ces indicateurs peuvent être de nature globale. Il existe en effet des indicateurs synthétiques d'inégalité dont les plus connus sont ceux de Gini et de Theil. Ils montrent que les inégalités de revenu se sont peu accrues sur les dernières décennies. Qu'en dit par exemple Piketty ? Il juge l'indice de Gini « peu lisible [6]». En réalité cet indice est parfaitement lisible mais ce qu'on y lit est la stagnation des inégalités de revenu. Cette observation ne lui convient pas. Il faut que les inégalités se soient accrues. Il donne une preuve implicite de cette attitude en considérant que l'indice de Gini donne une vision « apaisée » des inégalités. Il ne veut donc pas d'une vision « apaisée », mais défend une approche plus conflictuelle. Il faut donc que les inégalités se soient accrues. C'est bien le cas de certaines

[6] Opus cité page 582.

d'entre elles, les inégalités de patrimoine, mais ce n'est pas le cas des inégalités de revenu. Pour faire apparaître un accroissement des inégalités de revenu, Piketty va le chercher dans la fraction la plus riche des ménages, les 10% et le 1% des ménages les plus aisés. Cette réalité est incontestable mais c'est une vision partielle, donc partiale, de la réalité des inégalités. Par ailleurs, s'agissant d'inégalités, un observateur altruiste se serait plutôt intéressé au 1% des plus modestes qu'aux plus riches.

En ce qui concerne les inégalités de patrimoine, elles se sont accrues significativement. Les données le montrent de manière incontestable. Il reste à en déterminer l'origine. C'est là que l'assimilation du patrimoine au capital est lourde de conséquences. Le montant du capital résulte de son accumulation et de son amortissement. En tant que produit le capital a un coût de production dont la charge est la rémunération des moyens de production et constitue un prélèvement sur la valeur produite. Le capital s'accumule au détriment des autres utilisations du produit, la consommation et éventuellement les prélèvements collectifs. Il perd de sa valeur au rythme de son amortissement, par usure, dégradation et obsolescence.

Le patrimoine n'est pas nécessairement produit. Il a une valeur parce qu'il peut rapporter un revenu ou être cédé. Comme le revenu du patrimoine est en large partie futur, il doit être actualisé, c'est-à-dire transformé en valeur présente. Ce mécanisme est l'inverse de la capitalisation des intérêts qui consiste à déterminer la valeur future d'un montant actuel. Le taux d'actualisation est donc le taux d'intérêt. C'est le prix du temps. Quand les taux baissent, la valeur actuelle augmente, toutes choses égales par ailleurs. La valeur d'un actif patrimonial dépend donc de ses revenus futurs et du taux d'actualisation. S'agissant de l'immobilier, le graphique précédent montre que les loyers n'ont pas augmenté. L'augmentation de valeur est donc totalement imputable aux taux d'intérêt dont personne ne peut ignorer qu'ils ont diminué jusqu'à un niveau inconnu jusqu'alors.

Ce mécanisme vaut aussi pour les autres actifs, notamment les titres de propriété des entreprises, les actions. Mais dans leurs cas, l'évolution de l'autre facteur déterminant, les revenus, est beaucoup plus incertaine et volatile. Dans leur totalité, ils représentent l'activité future, c'est-à-dire la croissance. En assimilant le patrimoine au capital Piketty évacue tout le domaine de l'analyse économique qui expose le mode de formation des valeurs patrimoniales, par les revenus futurs et le taux d'actualisation. Ces variables sont déterminantes pour l'explication de l'évolution de ces valeurs patrimoniales sur les dernières décennies.

L'assimilation du patrimoine au capital est justifiée par Piketty par le fait que la distinction entre les deux notions est difficile. Par exemple dans le cas de l'immobilier, selon lui « il n'est pas toujours évident de séparer la valeur des bâtiments de celle des terrains sur lesquels ils sont construits »[7]. Ce n'est peut-être pas évident, mais les statisticiens des comptes de patrimoine y parviennent. On dispose ainsi d'une série distinguant la valeur du bâti et celle des terrains sous-jacents depuis 1978. Elle montre que depuis le début des années 2000, c'est le foncier qui a absorbé l'essentiel de la réévaluation des patrimoines immobiliers. La distinction entre capital et patrimoine est d'ailleurs une des distinctions structurant les comptes de patrimoine qui distinguent parmi les actifs non financiers

---

[7] Opus cité page 84.

les actifs produits des actifs non produits. Pour l'analyse économique cette distinction est une nécessité parce que les facteurs explicatifs de ces valeurs sont différents. La distinction entre la partie produite et les terrains sous-jacents a même conduit à l'arrêt de la publication de la valeur patrimoniale totale des logements.

En assimilant le patrimoine au capital, Piketty assimile l'économie monétaire et financière à l'économie réelle, c'est-à-dire qu'il assimile les comptes de patrimoine à la comptabilité du produit intérieur brut. Il évacue ainsi le fait que le gonflement des patrimoines est un phénomène largement nominal qui a ses causes dans les déséquilibres macroéconomiques et l'émission excessive de monnaie. La valorisation des patrimoines résulte des conditions des marchés financier et monétaire, notamment la baisse des taux de rendement qui mécaniquement fait croître la valeur des actifs.

3 Inégalités et croissance

La question des inégalités peut se poser en soi. Lesquelles sont acceptables ? Lesquelles sont excessives ? Cela reste une question d'appréciation subjective ou politique. L'économiste en tant que tel n'a pas à formuler d'opinion. La question des inégalités ne concerne l'analyse économique que lorsqu'elle est liée à d'autres variables économiques, notamment la croissance. L'idée souvent défendue par les contempteurs des inégalités est que leur accroissement pèse sur la croissance. En accumulant une part excessive de la production dans les richesses des plus fortunés celles-ci pèsent sur la consommation qui est le principal débouché de la production économique. La preuve en est que les mesures de soutien à la croissance consistent en soutien à la consommation, notamment des plus modestes qui y consacrent tout leur revenu.

L'argumentaire de Piketty repose sur un modèle d'accumulation du capital. C'est là que l'assimilation du patrimoine au capital est à la fois une nécessité et une faute. C'est une nécessité parce qu'elle lui permet de mobiliser un modèle de croissance fondé correctement sur l'accumulation du capital mais appliqué à l'accumulation des patrimoines. C'est une faute parce que l'accumulation des patrimoines n'est pas concernée par les modèles de croissance. Ceux-ci sont conçus pour l'économie réelle, celle des biens et services, indépendamment de la dimension financière et monétaire dont relèvent précisément les patrimoines.

Un autre effet de cette assimilation est de télescoper le passé et l'avenir. Les modèles de croissance reposent sur l'accumulation du capital qui, par définition, a été opérée dans le passé jusqu'à aujourd'hui, et ne reposent donc pas sur le capital futur. Les patrimoines reposent sur l'accumulation de revenus futurs et leur rapatriement à la date actuelle. Par conséquent les patrimoines sont l'expression de l'activité future, la croissance. Leur répartition peut avoir une signification concernant la croissance. En effet elle peut être l'indicateur de la création de nouvelles entreprises et donc souvent de nouvelles activités promises à un avenir florissant, comme c'est le cas aujourd'hui dans l'économie numérique et celle de la transition énergétique, notamment aux Etats-Unis.

L'autre facteur de la croissance des patrimoines est le prix du rapatriement des revenus futurs vers maintenant. C'est le prix du temps, c'est-à-dire le taux d'intérêt ou taux d'actualisation. C'est à la fois le prix que l'on attend quand on se dessaisit d'une somme pendant une durée donnée et celui que l'on perd quand on ramène cette somme de la même échéance à maintenant. Autrement dit le taux d'intérêt augmente une valeur économique quand on la projette dans le futur, elle la diminue du même montant quand on ramène la même valeur vers le présent. Dans ces conditions la valeur d'un actif peut être exprimée simplement comme son revenu divisé par le taux d'intérêt. Il varie donc de manière inversement proportionnelle à ce dernier. Quand le taux d'intérêt diminue de moitié les valeurs patrimoniales doublent. C'est ce qui explique la flambée des prix de l'immobilier alors que les loyers sont restés stables. Ce mécanisme vaut pour tous les patrimoines.

Mais le taux d'intérêt joue aussi sur la croissance. La baisse des taux pèse sur le rendement de l'investissement et donc sur la croissance. En effet l'investisseur rationnel investit jusqu'au point où son investissement lui rapporte autant qu'il lui coûte. Ce qu'il lui coûte est le taux d'intérêt. Ce qu'il lui rapporte est la productivité marginale du capital. C'est ce qui fait que 100 rapporte un peu plus que 100. C'est l'expression de la croissance économique. A long terme le taux de croissance est le taux d'intérêt plus le progrès technique. Un taux d'intérêt faible pèse donc sur la croissance. Comme il contribue à faire croître les valeurs patrimoniales, il y a bien une corrélation négative entre taux de croissance et montant des patrimoines. Mais ces deux phénomènes résultent d'une même cause, la baisse des taux d'intérêt.

4 Le gonflement de la sphère financière a un effet négatif sur la croissance

L'incidence de la baisse des taux sur la croissance soulève la question des facteurs déterminants le taux d'intérêt. Ils sont dans une large mesure déterminés par le marché financier où s'ajustent l'offre et la demande d'épargne et, dans une moindre mesure, par les banques centrales. L'offre et la demande naissent des déséquilibres dans les budgets privés et publics qui font apparaître des besoins ou des capacités de financement. Or ces dernières décennies ceux-ci se sont accentués. Au niveau mondial on a assisté à l'accentuation des déséquilibres commerciaux de certains pays avec la Chine, dont notamment les États-Unis. Les excédents monétaires accumulés par la Chine ont été recyclés sous forme de prêts qui ont accentué cette dynamique de croissance des déséquilibres. Dans une moindre mesure c'est le même type de phénomène qui s'observe au sein de la zone euro entre les pays à forte dette publique, plutôt les pays du Sud, et les pays excédentaires qui ont alimenté les prêts aux pays débiteurs.

Dans les deux cas un rééquilibrage par le taux de change s'est avéré impossible. Au sein de la zone euro il n'y a, par définition, plus de taux de change entre les pays. Entre la Chine et les États-Unis, le rôle du dollar comme monnaie de réserve au niveau mondial génère une demande qui outrepasse les effets dépressifs du solde commercial négatif.

Ces éléments ont contribué à accumuler au niveau mondial une masse considérable de monnaie et de créances. Une telle situation de croissance des liquidités de manière disproportionnée par rapport à la croissance de l'économie réelle aurait dû conduire à de l'inflation. Il y a bien de l'inflation mais celle-ci ne se manifeste pas dans le prix des produits manufacturés qui sont soumis à une concurrence au niveau mondial et qui empêche toute inflation. Par contre elle se manifeste dans le prix des actifs immobiliers et mobiliers. Ces deux inflations sont aussi stériles l'une que l'autre.

Le gonflement de la sphère financière se manifeste dans l'activité des marchés financiers qui crée une illusion de richesse. C'est une illusion parce que tout actif n'a qu'une valeur virtuelle qui repose sur les anticipations du revenu susceptible d'être généré et sur le coefficient d'actualisation lui-même fonction de l'état du marché financier. Un actif n'a de valeur réelle que lorsqu'il est monétisé, transformé en liquidités. Les transactions répétées sur les marchés financiers amènent ces actifs à se trouver plus ou moins régulièrement sous forme de liquidités ce qui contribue à entretenir l'idée de richesse et permet la rémunération des intervenants qui consiste en un prélèvement sur ces échanges.

Ce gonflement de la sphère financière ne contribue que médiocrement au soutien de l'activité économique réelle. En France les ménages utilisent ces facilités pour acheter des actifs, notamment immobiliers, et peu pour consommer davantage. Les entreprises en profitent pour opérer des acquisitions d'autres entreprises voire leurs propres actions, et peu pour investir. Seuls les pouvoirs publics en déficit contribuent à accroître les dépenses et donc l'activité économique.

Chapitre 2 Les inégalités : concepts et méthodes

Pour traiter concrètement des inégalités il faut d'abord préciser quelques notions et évoquer quelques instruments de mesure couramment utilisés. On évoquera ensuite les préférences en matière d'inégalités et les moyens dont on dispose pour agir sur elles.

1 Égalité et inégalités

Le Centre National de Ressources Textuelles et Lexicales du CNRS[8] définit ainsi l'égalité :

« 1 [Choses] Fait de ne pas présenter de différence quantitative. *Égalité des fortunes, des salaires ; égalité des trois angles d'un triangle à deux droits.*

2 [Pers. ou choses que l'on compare] Fait de ne pas présenter de différence de qualité, de valeur. *Égalité des chances, des conditions, des droits* ».

Dans cette définition c'est l'égalité qui est définie négativement, comme le contraire de l'inégalité. On aurait plutôt tendance à définir l'inégalité comme le contraire de l'égalité. Il paraît en effet plus pertinent de considérer que la référence est l'égalité parce qu'elle ne peut être réalisée que d'une seule manière alors que l'inégalité peut porter sur différents caractères, qu'elle peut être plus ou moins accentuée et donc présenter des valeurs différentes. En bref deux grandeurs peuvent être plus ou moins inégales, alors qu'elles n'ont qu'une manière d'être égales.

[8] http://www.cnrtl.fr/definition/%C3%A9galit%C3%A9

Par ailleurs, la définition distingue les différences quantitatives des différences qualitatives. Les premières font nécessairement référence à des grandeurs mesurables. En revanche, en ce qui concerne les caractères qualitatifs, le terme d'égalité n'est pas vraiment le terme le plus adapté. En effet, il vaudrait mieux limiter les termes d'égalité et d'inégalité à des grandeurs mesurables, c'est-à-dire quand il s'agit de grandeurs quantitatives. C'est le cas des grandeurs économiques qui s'expriment en unités monétaires, les revenus, les fortunes, etc. C'est le cas également de l'égalité des chances, donnée comme exemple des différences de qualité par le CNRTL. Il s'agit pourtant bien d'une mesure puisqu'on peut comprendre « la chance » comme la probabilité d'accès à un statut, un état, ou une fonction. Il s'agit donc d'une grandeur quantitative.

Pour l'égalité des variables de qualité, comme les droits ou les conditions sociales quand elles ne se résument pas à une grandeur économique, il vaudrait mieux parler d'identité. Ainsi il y a identité des droits des êtres humains, même si le préambule de la constitution de 1789 expose : « les hommes naissent et demeurent libres et égaux en droit ». Bien que le terme utilisé soit celui d'égalité il s'agit plutôt d'une identité des droits. Ceci dit, en l'occurrence, l'utilisation du terme d'identité des droits plutôt que celui d'égalité soulèverait des ambiguïtés. On imagine mal par exemple que soit inscrite au fronton des édifices publics, la devise de la France libellée ainsi : « liberté, identité, fraternité ». On voit que ce qui est source d'ambiguïté dans le terme d'identité ou d'égalité provient du fait que l'on ne précise pas de quelle grandeur on parle. Par contre, il n'y a pas cette source d'ambiguïté sur les termes de liberté ou de fraternité. Concernant l'égalité dans la devise de la

République, il est d'ailleurs assez vraisemblable qu'un grand nombre de citoyens a perdu de vue qu'elle ne concerne que les seuls droits.

Enfin, le terme d'inégalité est connoté négativement dans un pays comme la France qui a mis l'égalité (des droits) en préambule de sa constitution. Pour éviter ce caractère, il conviendrait de parler de façon plus neutre de la distribution ou de la répartition de la grandeur dont on veut étudier les inégalités. Par exemple on parlerait de la répartition des revenus ou de toute autre grandeur. Ceci aurait aussi l'avantage d'obliger à préciser de quelle grandeur on veut examiner les inégalités de distribution et d'éviter de parler des inégalités sans autre précision. L'usage du terme inégalité manifeste la difficulté qu'il y a à se départir d'affect quand on traite d'un phénomène social. L'approche scientifique doit pourtant tenter de le faire. On pourrait aussi atténuer la dimension négative du terme en utilisant plutôt celui de différences, différences de revenu, de patrimoine, de chances. Néanmoins dans la suite du texte on utilisera le terme d'inégalité qui est le terme consacré par l'usage, mais on va préciser à quels caractères on s'intéresse.

2 Inégalités de quoi ?

Quand on évoque les inégalités, il faut d'abord préciser de quelles grandeurs on parle. S'agit-il des inégalités de revenu, de patrimoine, des « chances » ? La précision n'est pas toujours fournie. On dit couramment que les inégalités se sont accrues ces dernières années, mais on ne précise pas toujours desquelles il s'agit. Or si certaines inégalités ont effectivement augmenté, les inégalités de patrimoine notamment, d'autres n'ont pas connu une telle évolution, en l'occurrence les inégalités de niveaux de vie. Par ailleurs, un certain nombre d'inégalités sont redondantes. Par exemple, les pauvres en revenu le sont également dans leur consommation de biens et services. Disposant d'un pouvoir d'achat moindre, ils consomment moins. Ils sont moins bien logés, moins bien vêtus, moins bien soignés, moins bien formés que les plus riches, même si des dispositifs correctifs existent dans un certain nombre de ces domaines. Évoquer des inégalités redondantes ne fournit pas d'information supplémentaire par rapport à l'inégalité principale, l'inégalité de revenu. Par ailleurs l'évocation de la redondance ne fait pas avancer la compréhension du phénomène. Si les manifestations d'inégalités procèdent d'une même cause, alors il faut rechercher « l'origine des inégalités », pour reprendre le titre de l'essai de Jean-Jacques Rousseau, qui la voyait dans la propriété privée. C'est un des objets de ce texte.

Même quand on parle d'inégalités économiques, il faut préciser celles dont il est question. Par exemple on parle des « riches », sans indiquer s'il s'agit de richesse en termes de patrimoine ou de revenu, voire d'autres formes de dotations, patrimoine culturel ou relationnel. On verra que la différence est fondamentale puisque, depuis 30 ans, les inégalités de revenu se sont à peine creusées alors que les inégalités de patrimoine se sont significativement accentuées. La compréhension de la grandeur dont on parle est encore plus brouillée quand on emploie des formulations comme « les plus riches pèsent .... », comme s'il s'agissait d'un poids ou d'une masse. Cette confusion, qu'elle soit volontaire ou non, n'est pas neutre. Elle permet souvent de conclure que les inégalités se sont accrues. On peut toujours trouver une grandeur pour laquelle la distribution est plus concentrée maintenant et alimenter ainsi un discours porteur d'une certaine orientation politique ou idéologique.

Dans ce texte on se limite aux deux dimensions économiques les plus fondamentales dans la caractérisation des niveaux de bien-être des individus, les inégalités de revenu ou de niveau de vie et les inégalités de patrimoine. On s'intéressera particulièrement au lien entre les deux grandeurs, revenus et patrimoines, qui est au cœur des erreurs d'analyse de la situation actuelle, et notamment de l'erreur dominante qui voit dans les inégalités de revenu l'origine des inégalités de patrimoine. On s'intéressera aussi à l'égalité des chances qui impacte directement les autres inégalités.

3 Inégalités entre qui ?

Une fois que l'on a défini la grandeur dont on veut observer les inégalités, c'est-à-dire la distribution, il faut définir les populations que l'on veut comparer. Ce peut être par exemple tous les individus de la planète, les résidents d'un seul pays, les hommes et les femmes, les familles et les ménages sans enfant, les jeunes et les plus âgés, etc. Cette précision est essentielle pour apprécier le phénomène d'inégalité. En effet certaines de ces inégalités ont pu croître et d'autres diminuer.

On peut aussi s'intéresser aux inégalités entre territoires, du point de vue des revenus ou de l'accès à certains services publics. Mais il faut alors distinguer les inégalités qui sont dues à la localisation et celles imputables à des facteurs généraux. Par exemple les niveaux de revenu plus élevés en région parisienne sont largement dus à la structure des activités et des emplois. Il existe différentes méthodes dont la technicité est plus ou moins accentuée pour identifier le rôle spécifique de la localisation. On peut ainsi modéliser le niveau de revenu par exemple en mesurant les contributions des différents facteurs par des méthodes dites hédoniques, on peut aussi utiliser une méthode plus descriptive, la méthode spatiale-structurale.

On peut également examiner les inégalités entre populations d'origines ethniques différentes, même si en France ce type d'analyse y est difficile puisque les statistiques prenant en considération l'origine ethnique sont interdites. En fait toute dimension susceptible de différencier une population entre plusieurs groupes permet de définir des sous-populations à comparer.

Bref, la définition des populations, au sens statistique du terme, sur lesquelles on examine les inégalités, est décisive pour la conclusion à laquelle on parvient. Par exemple, comme on le verra plus loin, sur l'ensemble de la population mondiale, les inégalités de revenu se sont significativement réduites avec la mondialisation alors qu'à l'intérieur de certains pays elles ont pu s'accroître. Ceci implique aussi que cette définition des populations n'est pas neutre. Elle résulte de la disponibilité des données statistiques. Celles-ci sont souvent produites pour des espaces correspondant à des juridictions administratives, ce qui n'est pas nécessairement le découpage pertinent pour l'analyse économique.

Dans la suite du texte on s'intéresse principalement aux inégalités entre l'ensemble des personnes habitant le territoire français et qui font l'objet de mesures statistiques détaillées élaborées principalement par l'INSEE.

4 Observer les inégalités

On a déjà signalé le caractère péjoratif ou à tout le moins négatif du terme inégalités. Quand il s'agit de les apprécier il vaut donc mieux s'intéresser à la répartition ou à la distribution de la grandeur considérée, par exemple les niveaux de vie, entre les individus, pris ici comme unité élémentaire d'observation. La répartition de la grandeur se représente par une courbe de distribution. Une telle courbe fournit le nombre ou le taux d'individus par tranche de niveau de vie comme le montre par exemple le graphique suivant de la distribution des niveaux de vie en 2002 et 2018. Les niveaux de vie sont les revenus corrigés de la composition du ménage.

Graphique 2 : Distribution des niveaux de vie

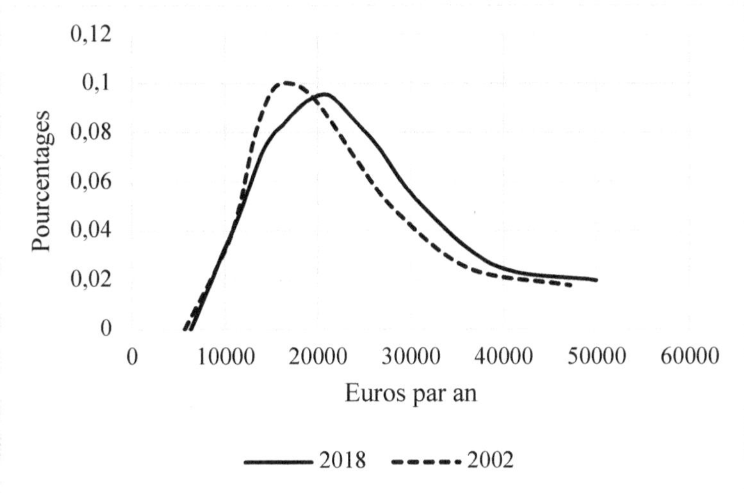

Source : données INSEE

Ces courbes ont l'allure d'une cloche non symétrique. La forme de cloche révèle que les individus dans les niveaux de vie moyens sont plus nombreux que ceux dans les niveaux de vie extrêmes, hauts ou bas. Le caractère non symétrique exprime le fait que la courbe est plus étalée d'un côté, ici vers la droite c'est-à-dire vers les hauts niveaux de vie que vers la gauche, correspondant aux bas niveaux de vie. Cette dissymétrie est assez habituellement observée dans la distribution des revenus. Elle résulte en partie du fait qu'il y a une limite inférieure aux niveaux de vie, qui est zéro. On ne peut pas disposer d'un revenu négatif. En revanche il n'y a pas de limite supérieure au revenu. Les revenus très élevés sont possibles et existent.

L'importance des inégalités se manifeste dans le caractère plus ou moins étalé de la courbe. Quand les individus ont des niveaux de vie peu différents, les points de la courbe qui les représentent sont resserrés autour de la valeur moyenne. Une distribution plus inégalitaire se caractérise par une courbe plus étalée, surtout vers la droite.

Les inégalités peuvent s'apprécier en comparant une distribution à une autre pour identifier laquelle est la plus inégale. Ce peut être celle de la même variable à une autre date, ou de la même variable sur une autre population, ou toute autre distribution de référence. Par exemple, sur le graphique précédent, on a porté la distribution des niveaux de vie en 2002 et en 2018. La comparaison directe des courbes ne permet cependant pas de dire si les inégalités se sont accentuées ou non parce qu'en comparant ces courbes on compare à la fois l'évolution du niveau moyen de revenu et celle des inégalités autour de cette moyenne. Autrement dit, du simple fait de l'augmentation générale des revenus entre les deux dates, la courbe représentative de l'année 2018 est plus à droite que celle de 2002. La comparaison des inégalités ne peut pas être concluante. Il faut définir des indicateurs qui font abstraction du niveau de la variable observée et qui prennent en considération la seule dispersion des valeurs, pour définir ce qu'on peut appeler une inégalité pure[9].

Une première solution consiste à construire une courbe de concentration. Elle est connue aussi sous le nom de courbe de Gini qui est le statisticien à qui on en attribue la paternité. Pour la construire on classe les individus selon le montant individuel perçu croissant, par exemple regroupés en déciles, c'est-à-dire en pourcentage de 10% en 10%, que l'on porte sur l'axe horizontal. Sur l'axe vertical on porte la part de la masse de la grandeur que se partage le pourcentage d'individus correspondant à chaque décile. Autrement dit chaque point de la courbe indique le pourcentage d'individus qui reçoivent moins qu'un montant donné et le pourcentage de la masse de la grandeur que se partagent ces individus.

On a construit de cette manière le graphique suivant à partir de la distribution des niveaux de vie. Ceux-ci sont définis comme le revenu disponible net corrigé de la taille et de la composition du ménage. On constate que les 50% les plus modestes se partagent 30,8% du montant total des niveaux de vie en 2017. Si les plus modestes étaient plus aisés et donc les inégalités moindres, ils se partageraient un montant plus élevé de la richesse globale. La courbe de concentration serait alors plus proche de la diagonale. Elle a une limite supérieure qui est celle de la répartition égalitaire, l'équirépartition, qui correspond à la diagonale du graphique. Inversement, la répartition est d'autant plus

[9] On peut parler d'inégalité pure comme on parle de « risque pur » dans le cas de la distribution d'un risque. On notera la similitude de traitement des situations de risque et d'inégalités.

inégalitaire qu'elle est représentée par une courbe proche de l'angle inférieur droit du graphique.

Graphique 3 : Concentration des niveaux de vie

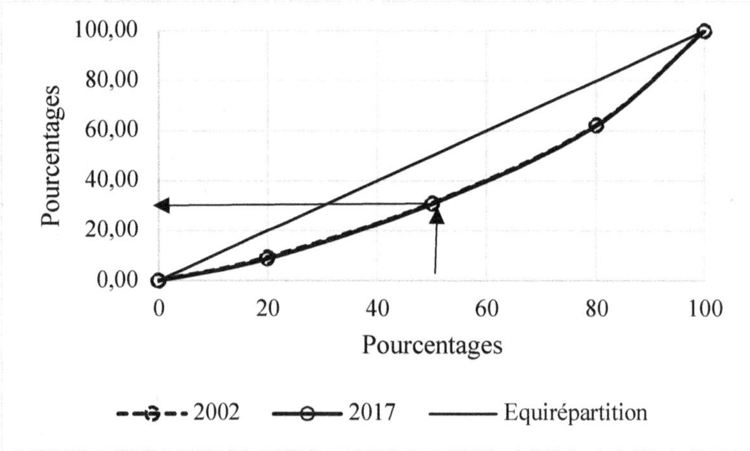

Lire par exemple : 50% de la population ayant les niveaux de vie les plus bas se partagent environ 30% du montant total des niveaux de vie.

Pour comparer l'évolution des inégalités, il suffit de comparer la position respective des courbes au cours du temps. Si on compare les courbes de concentration des années 2002 et 2017, l'épaisseur des traits ne permet même pas de les distinguer. Les inégalités de niveau de vie sont donc restées quasiment inchangées entre les deux dates. En réalité, plus précisément, en 2002 les 50% les plus modestes se partageaient 31,1% du niveau de vie total contre 30,8% en 2017. Les plus modestes ont donc vu leur situation relative se dégrader légèrement. On peut donc conclure sur la nécessité d'une mesure statistique pour apprécier des évolutions qui sont *a fortiori* inobservables par l'expérience courante.

La comparaison directe de la position des courbes de concentration est faisable dans le cas qui nous intéresse, au moins quand on parvient à les distinguer. Mais même quand on les distingue, une seconde difficulté peut apparaître. C'est le cas quand les courbes de concentration se croisent. Les statisticiens ont donc proposé des indices synthétiques d'inégalité qui permettent de comparer deux distributions sans ambiguïté.

5 Mesurer les inégalités

On utilise couramment un indice synthétique attribué à Gini et qui a une signification en référence à la courbe de concentration. Il est égal au double de la surface entre la courbe et la diagonale. Avec cette définition, il a une valeur comprise entre 0 et 1, d'autant plus proche de zéro que la courbe est proche de la diagonale, c'est-à-dire que la distribution est plus égalitaire. Sa valeur est proche de 1 pour une distribution très inégalitaire. On verra que pour la France l'indice de Gini des niveaux de vie est de l'ordre de 0,3. Cette mesure permet de comparer des distributions représentées par des courbes de concentration qui se croisent. Plus précisément la définition de l'indice de Gini est « l'écart de niveau de vie, exprimé en fraction du niveau de vie moyen, entre deux individus pris au hasard dans la population. C'est encore (à un coefficient de proportionnalité près) le gain moyen (en fraction du niveau de vie moyen) d'un individu qui gagne une place dans le classement des niveaux de vie »[10].

---

[10] Antoine Boiron, « Évolution des inégalités de niveau de vie entre 1970 et 2013 », Les revenus et le patrimoine des ménages, INSEE Références, édition 2016.

Il existe un autre indicateur synthétique moins couramment utilisé, l'indice de Theil, qui présente d'autres propriétés. « C'est une mesure de « l'entropie » de la distribution des niveaux de vie, il est d'autant plus élevé que la distribution s'éloigne de la situation d'égalité absolue. Il possède une propriété intéressante de décomposabilité. Si la population se partage en plusieurs sous-population, on peut mesurer dans chacune, par l'indice de Theil, l'inégalité de la répartition des niveaux de vie. On peut d'autre part considérer la distribution des niveaux de vie d'individus représentatifs de chacune des sous-populations et calculer son degré d'inégalité par l'indice de Theil. L'indice de Theil de la population globale est la somme (pondérée) des inégalités dans chaque sous-population (inégalité intraclasse) et de celle de la distribution d'individus représentatifs de chacune d'entre elles (inégalité interclasse) », (Boiron op.cit.).

On utilise aussi des indicateurs partiels, notamment les rapports interdéciles. Ils sont définis comme le rapport des valeurs de la variable définissant certains quantiles, c'est-à-dire certains pourcentages de la population. Ainsi quand on raisonne en déciles, on peut définir le rapport de valeur de la variable correspondant au 9ème décile à celle correspondant au 1er décile. Par définition un indicateur partiel ignore certaines parties de la distribution. C'est en particulier le cas quand on s'intéresse aux 1% des plus riches, comme le fait Piketty. Cet intérêt pour une partie aussi réduite de la distribution est la manifestation d'une certaine subjectivité. Par ailleurs la comparaison du seul 1% des plus hauts revenus n'est pas pertinente pour apprécier les inégalités dans leur globalité car ce faisant on ignore les modalités de la répartition entre les 99% autres, ce qui est quand même gênant.

De manière générale et par nature tout indicateur synthétique fait perdre de l'information par rapport à celle fournie par la distribution dans son ensemble. Plus précisément un indice d'inégalité suppose implicitement que certains écarts, de revenu par exemple, par rapport à d'autres peuvent être considérés comme substituables. Mais l'utilisation d'indicateurs synthétiques permet des comparaisons générales et complètes de distributions différentes.

Notons que toutes les mesures de distribution qui sont fournies le sont sur la base de données regroupées en classes. Ainsi dans les données précédentes les individus sont regroupés en déciles, c'est-à-dire par tranche de 10%. Ce regroupement est inévitable parce qu'il est impossible de travailler sur les individus pris isolément sauf dans le cas de faibles effectifs. Ce faisant on perd également l'information sur la distribution à l'intérieur des classes.

6 Préférences en matière d'inégalités

Les indicateurs partiels sont donc partiaux, subjectifs. Ils expriment une certaine perception des inégalités. De fait la perception qu'on peut avoir de l'évolution des inégalités dépend de l'indicateur retenu. Ainsi Boiron note : « Au cours des années 2000, la plupart des indicateurs montrent une hausse des inégalités, avec notamment une montée (particulièrement nette pour l'indice de Theil) jusqu'en 2006, et trois années de stabilité ensuite. Il est cependant significatif qu'un indicateur, le D9/D1, ne croisse que légèrement, se situant en 2010 à peine au-dessus de son niveau de 2000, au contraire du Gini, du (100 - S80) /S20[11] et du Theil. Or, à la différence du rapport interdécile, ces trois indicateurs prennent en compte les revenus perçus par les ménages du décile supérieur. En d'autres termes, la hausse de l'inégalité dans ces années reflète d'abord le dynamisme des revenus financiers mais aussi d'activité des ménages les plus aisés, en particulier ceux des derniers centiles de la distribution ».

D'autres indicateurs peuvent aussi être utilisés. Par exemple Piketty se focalise particulièrement sur la part du revenu total que perçoit le 1% des Français les plus aisés. Cela exprime une certaine idée des inégalités. Cela conduit aussi à une certaine priorité en matière de redistribution qui peut s'exprimer dans une fonction objectif que l'on cherche à maximiser et qui définit implicitement les inégalités inacceptables. Ainsi on peut définir comme fonction objectif la fonction qui consiste à maximiser les revenus les plus faibles, dite fonction « maximin » (maximiser le minimum). Cela manifeste un sentiment d'altruisme envers les plus mal lotis. On peut aussi chercher à maximiser la somme des revenus individuels, ce qui revient à considérer comme indifférente l'identité de ceux dont les revenus ont été accrus. Cela rend aussi neutre toute espèce de redistribution puisque le total des revenus reste inchangé quand on prélève sur certains pour verser à d'autres. S'intéresser aux plus riches relèverait plutôt d'un sentiment d'envie qui conduirait à une fonction objectif minimax, c'est-à-dire visant à minimiser les revenus les plus élevés. D'autres fonctions objectif peuvent être définies. Toutes ne font qu'exprimer une certaine forme subjective des

---

[11] C'est la masse des revenus du dernier quintile rapportée à celle du premier quintile.

inégalités (in)acceptables. Toutes ces fonctions poussées à l'extrême tendent à l'égalité des revenus.

7 La redistribution des revenus

La situation économique des personnes est le résultat de leur insertion actuelle ou passée dans la production des biens et services, en contrepartie de quoi elles perçoivent des revenus. Ce peut être des revenus du capital, par exemple des intérêts sur des créances, des dividendes sur des titres de participation, des revenus locatifs. Ce peut être aussi des revenus du travail, travail présent ou travail passé sous forme de pension de retraite.

Ces revenus sont corrigés par des transferts opérés à l'initiative des pouvoirs publics, et, dans une moindre mesure par ceux effectués volontairement. Ces transferts peuvent être des prélèvements sous la forme de la fiscalité et des aides versées en fonction de la situation économique des personnes. Ils consistent donc en une redistribution des revenus. Ces mouvements portent sur des montants très importants.

Certains de ces prélèvements et la redistribution qui en sont la contrepartie s'inscrivent dans une logique assurancielle. On cotise à un fonds qui indemnise en cas d'incident : c'est le cas de l'assurance maladie, de l'assurance chômage, etc. Cette logique assurantielle se distingue d'une logique redistributive pure qui peut prendre la forme d'un revenu minimum, des allocations familiales, des allocations logement etc.

De tels transferts ont toujours existé mais n'avaient pas une origine publique. Pendant longtemps ils s'opéraient au sein de la famille ou par l'action d'institutions à vocation humanitaire dépendant des églises dans les sociétés occidentales. Certains continuent à exister, surtout dans le cadre familial. Ils sont rarement comptabilisés.

Les prélèvements et transferts publics ont un impact sur les niveaux de vie, mais ils peuvent être sans effet sur les inégalités observées, par exemple au moyen de la courbe de concentration. En effet, tout prélèvement proportionnel aux revenus comme toute aide proportionnelle aux revenus ne modifie pas la distribution des niveaux de vie et est donc sans effet sur les inégalités. Le rapport entre deux niveaux de revenu reste le même. C'est le cas des effets redistributifs de la TVA ou de la taxe intérieure sur les produits énergétiques TICP, à consommations identiques. Les taux sont les mêmes que l'on soit riche ou pauvre. En réalité comme les plus modestes consacrent une plus large part de leur revenu à la consommation ils contribuent proportionnellement à leur revenu davantage au prélèvement que les plus aisés. En revanche ils consacrent davantage de leur revenu à des dépenses soumises à un taux réduit de TVA. Au total le bilan redistributif de la TVA est ambigu. Elle est « régressive par rapport au revenu et faiblement progressive par rapport à la consommation du fait de l'impact redistributif limité des taux réduits »[12].

Pour qu'il y ait redistribution (en faveur des plus modestes), il faut prélever proportionnellement plus sur les riches que sur les pauvres ou aider proportionnellement plus les pauvres que les riches. C'est le cas de l'impôt sur le revenu des personnes physiques, l'IRPP, auxquels contribuent

---

[12] Béatrice Boutchenik « Les effets redistributifs de la taxe sur la valeur ajoutée », rapport au Conseil des prélèvements obligatoires, 2015, https://www.ccomptes.fr/sites/default/files/EzPublish/20151216-rapport-Boutchenik-effets-redistributifs-de-la-TVA-.pdf

moins de 50% des ménages, les plus aisés. Le taux de prélèvement est en outre progressif, ce qui fait que l'impôt augmente plus que le revenu imposé. Inversement et pour la même raison les « niches fiscales » bénéficient davantage aux plus aisés.

Du point de vue de la redistribution, on peut viser la redistribution des riches vers les pauvres : c'est la redistribution verticale. On peut viser aussi à redistribuer entre ménages de même revenu : c'est la redistribution horizontale. Il s'agit alors « de traiter également les égaux », selon l'expression consacrée. Un exemple de ce type de transfert est les allocations familiales ou le quotient familial qui visent à rapprocher le niveau de vie des ménages avec enfant de ceux ayant le même revenu mais sans enfant, en effectuant des transferts en direction des premiers. Mais ce peut être aussi une redistribution selon le handicap ou l'âge ou toute autre caractéristique non directement dépendante du revenu.

On peut noter qu'un certain nombre de contributions obligatoires sont donc sans effets redistributifs parce qu'elles sont proportionnelles au revenu qui sert d'assiette. Ce sont notamment la CSG et la CRDS. Les cotisations sociales sont proportionnelles, mais certaines d'entre elles sont plafonnées ce qui les rend anti-redistributives. Il est vrai qu'elles s'inscrivent plutôt dans une logique assurantielle dont la redistribution n'est pas la finalité première.

Finalement, quel est le bilan en termes de distribution des prélèvements et des transferts. Une « photographie du système socio-fiscal et de sa progressivité » a été effectuée par Marie Chanchole et Guy Lalanne[13].

« Les principales conclusions sont les suivantes :

- *le système dans son ensemble est progressif et redistributif ;*
- *les prestations contribuent aux deux tiers de la redistribution des niveaux de vie, le reste venant des impôts ;*
- *la redistribution s'opère essentiellement aux deux extrémités de la distribution des niveaux de vie, avec peu d'effet en moyenne sur le centre de la distribution ».*

En définitive, les prélèvements et les prestations consistent en un transfert net des 40% et surtout des 10% les plus riches vers les 30% les plus pauvres. Dans le chapitre suivant on s'intéressera à la première forme des inégalités, celle des revenus, puis ultérieurement à celle des patrimoines.

[13] Marie Chanchole et Guy Lalanne « Photographie du système socio-fiscal et de sa progressivité », Économie et prévision 2012/2-3 (n° 200-201), pages 19 à 40, https://www.cairn.info/revue-economie-et-prevision-2012-2-page-19.htm .

Chapitre 3 Les inégalités de revenu

On s'intéresse dans ce chapitre aux inégalités de revenu et de niveau de vie et à leur évolution depuis une trentaine d'années. Un revenu est un flux comptabilisé entre deux dates, souvent l'année. Il s'agit le plus souvent d'un flux monétaire mais on verra que dans le revenu des ménages l'INSEE comptabilise aussi des revenus en nature, notamment les loyers dits imputés, c'est-à-dire ceux que les propriétaires se paient à eux-mêmes en occupant un bien immobilier qu'ils détiennent. Les revenus sont majoritairement issus du travail et du capital, mais il existe aussi des revenus de transfert, qui résultent de l'intervention publique et qui sont alimentés par des contributions obligatoires, impôts et cotisations sociales. Enfin les revenus sont utilisés dans le cadre de ménages dont la composition détermine finalement le niveau de vie.

1 Des revenus aux niveaux de vie

La Comptabilité Nationale fournit le chiffre du Revenu Disponible Brut des ménages annuel (RDB). L'INSEE le définit comme « l'ensemble des revenus d'activité (rémunérations salariales y compris les cotisations légalement à la charge des employeurs, revenu mixte des non-salariés), des revenus de la propriété (intérêts, dividendes, revenus d'assurance-vie…) et des revenus fonciers (y compris les revenus locatifs imputés aux ménages propriétaires du logement qu'ils occupent). On y ajoute principalement les prestations sociales en espèces reçues par les ménages et on en retranche les cotisations sociales et les impôts versés ».

On notera qu'une partie du revenu ne correspond pas à un versement effectif puisqu'il s'agit notamment du revenu en nature que représente l'usage des logements dont disposent les propriétaires qui occupent leur logement. Par cohérence comptable ce revenu est également comptabilisé comme une dépense de consommation du même montant.

En 2019 le revenu disponible brut total s'élève à 1474 milliards € que se partagent 29,9 millions de ménages, soit un revenu annuel moyen par ménage de 49200 €. Dans la définition de l'INSEE un ménage (ordinaire) est constitué de l'ensemble des personnes qui habitent un même logement (ordinaire) quels que soient les liens entre eux. Un tiers des ménages est constitué d'une seule personne, et encore un autre tiers de deux personnes. C'est dire que la population est assez fortement « atomisée ».

Dans le montant indiqué les salaires nets de cotisations sociales représentent 55%. Les prestations sociales telles que les retraites, les allocations familiales et les minima sociaux représentent 35%. Tous ces revenus sont donnés avant impôt.

La plus grosse part des revenus résulte de l'exercice d'une activité, d'un travail. Dans la majorité des cas, il s'agit d'un travail salarié. Une autre partie des revenus est la conséquence de l'exercice antérieur d'une activité. Il s'agit alors d'une retraite. Une partie des revenus est issue des patrimoines (revenus de valeurs mobilières, revenus immobiliers, plus-values sur transactions patrimoniales etc.).

Il existe enfin des revenus de transfert qui sont versés par l'État et les organismes de sécurité sociale à des personnes qui n'atteindraient par eux-mêmes un revenu suffisant pour vivre ou pour les aider à compenser certaines charges. Dans le premier cas, il s'agit des minima sociaux versés aux personnes sans revenu, aux personnes handicapées et à des personnes âgées ne bénéficiant pas d'une retraire suffisante. Dans le second cas il s'agit par exemple des allocations familiales.

Les ménages perçoivent enfin des remboursements de dépenses de santé (Sécurité sociale) ou de logement (allocations de logement) qui ne sont pas à proprement parler des revenus mais contribuent à améliorer la situation financière des bénéficiaires. Appelés en comptabilité nationale « transferts sociaux en nature », ils ne sont pas comptabilités dans le revenu disponible brut.

Les revenus bruts font l'objet de prélèvements sociaux et fiscaux qui font passer des revenus bruts aux revenus nets.

Les revenus d'activité ou de retraite ne sont en général pas liés aux autres caractéristiques du bénéficiaire comme sa situation matrimoniale, l'existence d'enfants, sauf le cas de complément familial, son état de handicap ou toute autre caractéristique. Mais ces variables conditionnent le niveau de vie de la personne bénéficiaire du revenu. On tient compte de la plus importante de ces variables, la situation familiale, en prenant en considération la composition du ménage. Disposer du SMIC en vivant en couple avec des enfants ne donne pas le même niveau de vie que lorsqu'on vit seul avec ce même revenu. On corrige donc le revenu disponible total en le divisant par un indicateur de la composition familiale. Cet indicateur n'est pas le nombre de personnes du ménage mais un nombre qui en tient compte, le nombre d'unités de consommation, pour aboutir au niveau de vie. L'INSEE définit ainsi le niveau de vie :

« Le niveau de vie est égal au revenu disponible du ménage divisé par le nombre d'unités de consommation (UC). Le niveau de vie est donc le même pour tous les individus d'un même ménage. Les unités de consommation sont généralement calculées selon l'échelle d'équivalence dite de l'OCDE modifiée qui attribue une unité de consommation (uc) au premier adulte du ménage, 0,5 uc aux autres personnes de 14 ans ou plus et 0,3 uc aux enfants de moins de 14 ans ». Le montant d'une unité de consommation dépend donc aussi de l'âge de la personne.

En ce qui concerne leur évolution dans le temps, le revenu disponible brut de l'ensemble des ménages, celui par ménage ou celui par unité de consommation connaissent une évolution tendancielle croissante depuis 60 ans. Ils ont connu toutefois des années de contraction.

Le niveau de vie, donc le revenu par unité de consommation, augmente en tendance mais moins que le revenu disponible (graphique ci-dessous). Autrement dit le nombre d'unités de consommation augmente plus vite que le revenu disponible. Ceci signifie que la taille des ménages diminue. Les individus utilisent donc une part de leur revenu pour se répartir en ménages de plus en plus petits.

Graphique 4 : Pouvoir d'achat des ménages (inflation déduite)

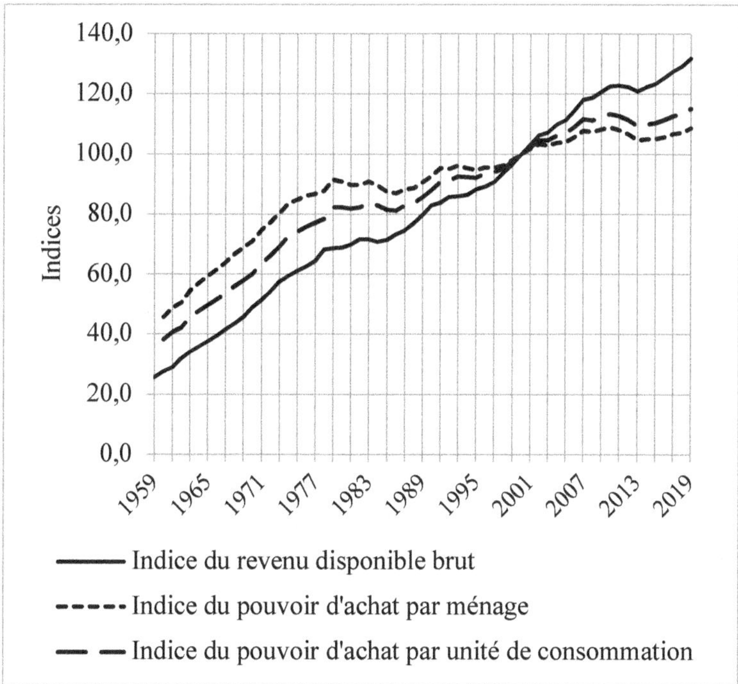

Cette diversité des grandeurs qui caractérisent le revenu de la population, notamment la différence entre revenu et niveau de vie, pose la question de ce dont on cherche à rendre compte. Se place-t-on du point de vue de la source des revenus ou du point de vue du bien-être des personnes qui vivent de ces ressources ? Le premier point de vue renvoie à la formation des revenus et aux différences dans la rémunération des facteurs de production et des personnes. La considération des niveaux de vie renvoie à la situation des utilisateurs de ces revenus et à leur choix de configuration familiale. Le premier renvoie plutôt à la cause des disparités de revenu, le second renvoie aux effets du premier sur la situation économique des personnes. Si on veut agir sur la situation, il est essentiel d'identifier ce que l'on vise.

2 Le partage de la valeur ajoutée entre le capital et le travail est stable depuis 30 ans

La valeur produite est mesurée par le Produit Intérieur Brut. Il correspond au revenu national corrigé des échanges de revenu avec le reste du monde. Le PIB est la valeur ajoutée générée par les facteurs de production, le capital et le travail, qui sont rémunérés par le partage de cette valeur ajoutée. La part de la valeur ajoutée dévolue au travail est ensuite répartie entre les personnes, essentiellement sous forme de salaires. Ces deux étapes de la répartition peuvent générer des inégalités. Ainsi certains affirment que l'accroissement des richesses des plus riches, détenteurs du capital, provient d'un prélèvement plus important sur la richesse produite au détriment du travail.

On commence donc par examiner le partage de la valeur ajoutée entre le capital et le travail. Cela présente une difficulté parce que la distinction entre revenu du capital et revenu du travail n'est pas aisée dans la mesure où il existe des « revenus mixtes ». Ce sont ceux des travailleurs indépendants, professions libérales, artisans etc., dont le revenu d'activité provient à la fois du capital qu'ils utilisent et de leur travail. Ce type de revenu est comptabilisé séparément par l'INSEE. L'évolution du partage de la valeur ajoutée depuis la 2ème guerre mondiale est fournie par le graphique suivant[14].

[14] https://www.insee.fr/fr/statistiques/3549496?sommaire=3549502

Graphique 5 : Répartition de la valeur ajoutée

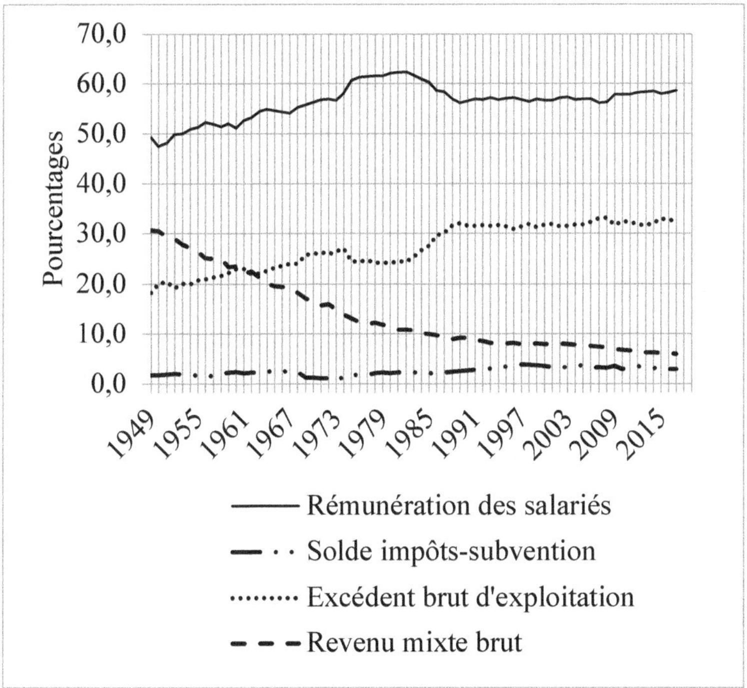

Source : données INSEE

Il apparaît tout d'abord que le poids du revenu mixte a diminué considérablement entre 1949 et 1989, passant de plus de 30% de la valeur ajoutée à moins de 10%. Cette évolution exprime le changement dans les statuts professionnels des actifs avec l'extension massive du salariat aux dépens des professions indépendantes, agriculteurs, commerçants et artisans. Corrélativement, la part des salaires dans la valeur ajoutée croît dans la même période sans qu'il faille y voir une évolution du partage de la valeur plus favorable aux salariés. C'est tout simplement dû au fait que le travail a davantage pris la forme du salariat.

Le deuxième enseignement du graphique est la grande stabilité de la répartition de la valeur ajoutée entre le capital et le travail depuis 1989, sous la forme respective de l'excédent brut d'exploitation et de la rémunération des salariés. La part de la rémunération du travail a faiblement augmenté, de deux points, passant de 56% à 58% de la valeur ajoutée. Il n'y a donc pas d'enrichissement des « capitalistes » au détriment des salariés par une ponction accrue sur la valeur ajoutée. Ce serait plutôt l'inverse.

Le troisième enseignement du graphique est que les commentaires que l'on peut faire des évolutions dépendent de manière décisive de la périodisation que l'on fait. Par exemple, si on étudie l'évolution de la part des salaires en prenant comme année de départ 1980, on observe une diminution de cette grandeur. La question est de savoir s'il est pertinent de retenir 1980 comme année de référence ? On peut le contester. La périodisation pertinente est celle pour laquelle on peut proposer une analyse, une grille de lecture. Si on considère l'ensemble de la courbe, on peut observer une phase transitoire de 1973 au milieu des années 80 où la part des salaires s'accroît aux dépens de celle du capital. Cette évolution conjoncturelle est à relier aux chocs et contre-chocs pétroliers et à leur absorption par l'économie. Plus précisément les chocs pétroliers ont consisté globalement en un prélèvement supplémentaire par les pays producteurs sur la richesse intérieure produite. Les données montrent que ce prélèvement temporaire a été supporté par le capital ce qui a mécaniquement accru la part dévolue au travail, avant de revenir à la répartition antérieure.

Ceci étant, les inégalités ont pu s'accroître entre les salariés eux-mêmes, il faut donc examiner l'évolution des niveaux de salaires de manière plus approfondie.

3 Stabilité des inégalités salariales depuis 30 ans

Les inégalités salariales sont documentées depuis 1950. Les données fournies par l'INSEE sont les rapports entre les salaires des déciles 9 à 5 (la médiane des salaires), 1 à 5 et 9 à 1, qui est le rapport entre les deux précédents (cf. graphique suivant). Chacun d'eux est un indicateur partiel et non pas synthétique mais leur rapprochement donne une bonne vue d'ensemble de l'évolution des inégalités salariales. Mais les 10% des salaires les plus élevés ne sont pas pris en considération. Toutefois, la masse des 90% autres salaires est suffisamment importante pour qu'on puisse en tirer une indication de l'évolution des inégalités. Depuis le milieu des années 80 ces ratios montrent une grande stabilité. Les inégalités salariales globales ne se sont ni accrues, ni réduites.

En retenant le rapport D9/D5 du 9ème décile de revenu au 5ème, qui définit le revenu médian, et celui du 1er décile au revenu médian D1/D5, on constate que depuis près de 70 ans, ces rapports ont peu changé. Si l'on s'intéresse aux salariés les plus modestes on constate même que l'écart avec les autres salariés, notamment les mieux rémunérés (D9/D1 rapport du 9ème décile au premier), s'est légèrement réduit pour rester dans un rapport de 1 à 3 depuis les années 80. Il a légèrement augmenté ces dernières années. Bien entendu on peut considérer que ces écarts sont importants, trop importants, ou qu'au contraire ils sont tout à fait acceptables. C'est une question de point de vue. En revanche on ne peut contester que ces écarts soient stables depuis 30 ans.

Graphique 6 : Salaires annuels des postes à temps plein

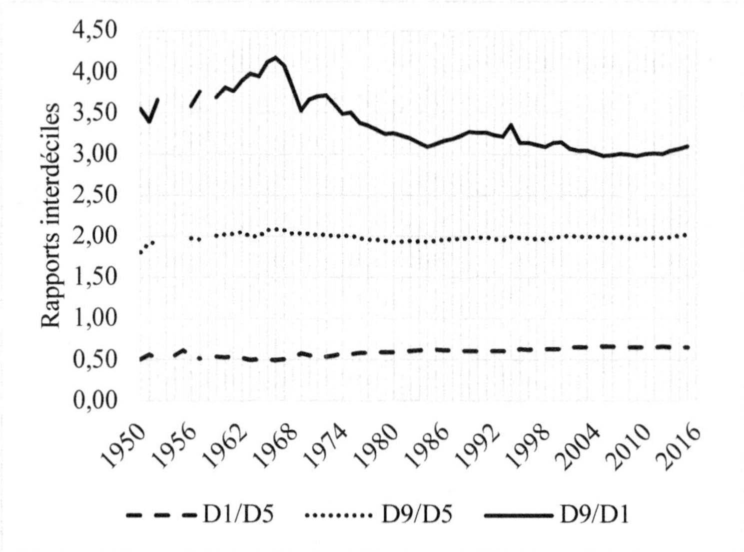

Source : données INSEE

L'analyse économique fournit une explication des inégalités de revenu, avant transferts. Elle expose que les employeurs utilisent le travail jusqu'au point où il rapporte autant qu'il coûte. Son coût est le salaire. Ce qu'il rapporte est sa productivité (marginale). A la marge le travail est donc rémunéré à sa productivité marginale dans l'hypothèse d'un marché du travail concurrentiel. Dès lors les disparités de rémunération du travail sont le reflet des disparités de productivité. Leur grande stabilité depuis 30 ans laisse penser que la structure des emplois en termes de qualification est assez stable sur les 3 dernières décennies. C'est peut-être là un effet de la faible croissance que l'on observe sur la période.

4 Évolution des inégalités de niveau de vie

Les salaires sont la principale des ressources primaires, mais la situation économique effective des ménages est fortement modifiée par le phénomène des transferts et la composition familiale (sous la forme d'unités de consommation) qui conduit aux niveaux de vie. Remarquons que l'origine des modifications des inégalités n'est pas la même pour les transferts et la composition familiale. Les premiers relèvent majoritairement d'une décision publique, hors les transferts directs entre ménages tels que les dons et legs, tandis que la seconde est un effet du choix des ménages. Dans le cas des niveaux de vie, la manière dont est pris en compte le revenu d'une personne dépend de son insertion dans un ménage, constitution ou séparation d'un ménage et procréation. Ainsi un couple faisant un enfant voit *ipso facto* son niveau de vie diminuer sans que son revenu ait nécessairement changé, en dehors des allocations liées à la naissance. Si un couple se sépare sans que soient modifiés les revenus de chacun des deux membres, leur niveau de vie diminue. Inversement si une personne rejoint un autre ménage sa contribution au niveau de vie du ménage double puisque le nombre d'unités de consommation qu'il représente passe de 1 à 0,5. Le phénomène assez général d'habitat indépendant des personnes âgées et des jeunes, l'accroissement de la séparation des couples, conduisent ainsi à une baisse de niveau de vie. Cette baisse résulte d'un choix des personnes et non d'une moindre égalité dans la distribution des revenus.

De même, le départ des contribuables les plus riches pour d'autres pays réduit les inégalités.

Les inégalités de niveau de vie sont documentées par de nombreux indicateurs notamment des indicateurs synthétiques, ceux de Gini et de Theil que l'on a présentés au chapitre 2. Une analyse approfondie de ces mesures d'inégalités depuis les années 70 est fournie par Boiron[15].

Les indicateurs de Theil et de Gini ont des niveaux absolus différents ce qui résulte de leur mode de construction et n'a pas de signification. Plus significative est leur évolution. Globalement ils montrent une évolution semblable marquée par une décroissance assez forte de 1970 aux années 90, suivie par une faible croissance depuis. Ce phénomène est plus accentué pour l'indice de Theil que pour l'indice de Gini. Bien entendu l'appréciation qui vient d'être portée de « faible croissance » des inégalités de revenu est subjective. D'autres peuvent considérer que cette croissance est sensible. Il est vraisemblable en tous cas qu'en l'absence de statistique on serait incapable d'apprécier par l'observation courante l'évolution des inégalités de niveau de vie dans un sens ou dans l'autre quand leur ampleur est de l'ordre de celle observée sur les 30 dernières années. On verra qu'il n'en est pas de même en ce qui concerne les inégalités de patrimoine dont l'évolution est observable sans le recours aux statistiques.

---

[15] Antoine Boiron, « Évolution des indicateurs d'inégalité de niveau de vie entre 1970 et 2013 », Les revenus et le patrimoine des ménages, INSEE, édition 2016.
https://www.insee.fr/fr/statistiques/2017609?sommaire=2017614 .

Graphique 7 : Indice de Gini des niveaux de vie

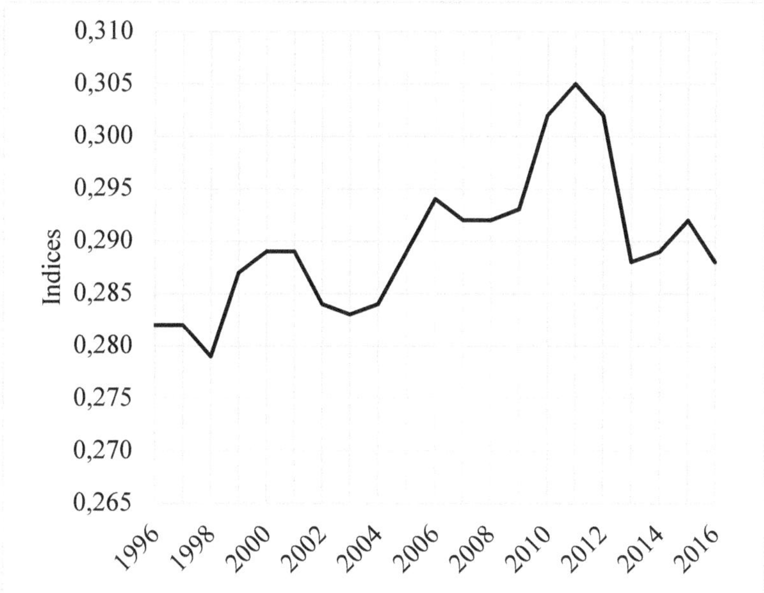

Source : données INSEE.

Au total on ne peut pas parler d'explosion des inégalités de niveau de vie sur la période récente mais plutôt de faible croissance. Si on considère l'indice synthétique de Gini, son évolution tendancielle est faiblement croissante depuis 1996 au rythme annuel moyen de 2,3/1000. Après une croissance plus ou moins régulière jusqu'en 2011, l'indice connait une diminution depuis cette date ce qui le ramène en 2016 à son niveau quinze ans auparavant à 0,288 [16].

Cette évolution est confirmée par l'observation des niveaux de vie par décile, présentée dans le graphique suivant, où on a représenté seulement trois déciles.

---

[16] INSEE, Niveaux de vie et indicateurs d'inégalités en 2106.

Graphique 8 : Évolution des déciles de niveau de vie (en euros constants)

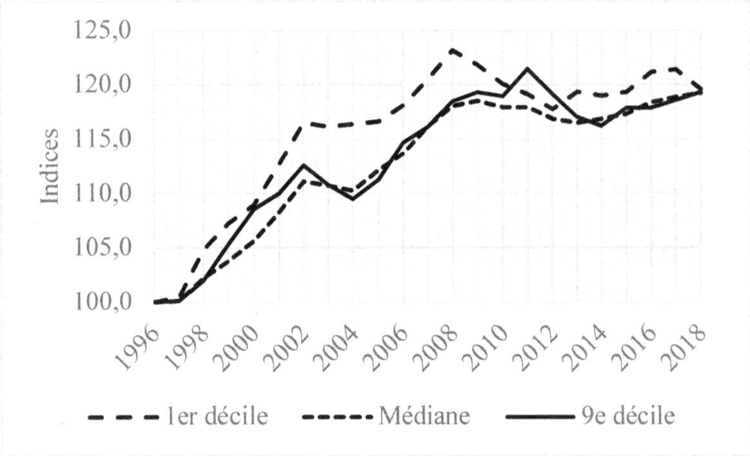

Source : données INSEE, en euros constants, après redistribution

On constate d'abord que le niveau de vie des différentes tranches a crû de l'ordre de 20%sur la période 1996-2016. L'essentiel de la hausse s'est effectué entre 1996 et 2009. Les niveaux de vie se sont ensuite contractés à partir de 2010 pour stagner jusqu'à l'heure actuelle. En 2018, les ménages du premier décile n'avaient pas encore rattrapé leur niveau du pic de 2009, mais sont encore au-dessus de l'évolution des autres déciles.

Sur l'ensemble de la période, les niveaux de vie de certains déciles ont crû un peu plus que d'autres. C'est le cas en particulier du premier décile, celui des revenus les plus faibles, qui a évolué à peu près constamment au-dessus des autres déciles. Le 95ème percentile (le niveau des 5% des personnes les plus aisées) a évolué à peu près comme le premier décile, c'est-à-dire lui aussi au-dessus de la majorité des autres déciles. Le 3ème décile fait aussi un peu mieux que la médiane. Le décile qui a évolué le moins favorablement par rapport aux autres est le 7ème décile, correspondant à des personnes plus aisées que la médiane mais pas parmi les plus aisées. Il n'y a là rien qui confirme la dégradation de la situation des plus modestes, ni même des classes moyennes, sauf s'ils se comparent aux plus pauvres.

Observée annuellement, l'évolution des niveaux de vie ne s'est pas opérée sans à-coups. Certaines années sont meilleures pour certains et d'autres le sont moins. L'amplitude maximale des écarts dans l'évolution des différents déciles depuis 1996 est atteinte en 2008 avec 6,3%, ce que l'on peut considérer comme modéré. De manière générale les niveaux de vie les plus élevés sont plus volatils que les revenus inférieurs. Ce sera un phénomène à expliquer en relation avec la nature de ces revenus.

5 Les riches : combien et qui ?

Qu'est-ce qu'un riche ? La réponse à la question est assez subjective. Pour en donner une mesure statistique on fait souvent référence aux 1% des ménages disposant du plus haut niveau de vie, au sens où on a défini ce terme. Rappelons qu'ici on ne traite que des revenus, la question des patrimoines sera évoquée plus loin.

Selon l'INSEE, « en 2015, au-dessus de 106 210 euros de revenu initial par unité de consommation [pour une personne seule cela correspond à un revenu de 8850 € par mois], une personne se situe parmi les 1 % les plus aisés de la population, c'est-à-dire les très hauts revenus. Ces derniers gagnent en moyenne près de sept fois plus que l'ensemble de la population et perçoivent 6,8 % de la masse des revenus. Entre 2004 et 2015, la part du revenu total déclaré par les très hauts revenus augmente entre 2004 et 2007, stagne jusqu'en 2012, puis diminue en 2013 pour se stabiliser autour de 6,5 % ».

Les revenus les plus élevés sont issus de sources plus diverses que les revenus inférieurs, notamment des revenus non commerciaux et des revenus des actifs financiers. En 2015, 1 % de la population déclare ainsi 30 % des revenus du patrimoine.

En contrepartie « les très hauts revenus contribuent proportionnellement davantage que les autres aux prélèvements directs grâce au barème progressif de l'impôt sur le revenu, dont ils acquittent 25 % du total. Ils détiennent *in fine* une part moins importante des niveaux de vie que des revenus initiaux : 5,3 % contre 6,8 % »[17].

On notera que l'on n'évoque pas dans les médias nominativement les personnes disposant des plus hauts revenus comme on le fait pour les patrimoines.

6 Les pauvres : combien et qui ?

Comme la notion de riches, la notion de pauvres est largement subjective. On définit fréquemment un seuil de pauvreté monétaire en revenu comme un pourcentage du niveau médian, le plus souvent 60%, quelques fois 50%. C'est une valeur à la fois absolue et relative. Elle est absolue dans la mesure où elle définit un montant de revenu en euros en dessous duquel on est considéré comme pauvre. Mais elle est relative dans la mesure où ce montant absolu est défini par rapport à la médiane qui dépend de la distribution

[17] INSEE Les revenus et les patrimoines des ménages, édition 2018, fiche sur les très hauts revenus »
https://www.insee.fr/fr/statistiques/3549487?sommaire=3549502

des revenus de l'ensemble de la population. Donc être pauvre ne correspond pas au même niveau absolu de revenu dans un pays riche et dans un pays pauvre.

Tableau 1 : Répartition des pauvres et taux de pauvreté selon le type de ménage en 2016

Type de ménage	Répartition des personnes pauvres (en %)	Taux de pauvreté à 60% du revenu médian (en %)
Personne de référence du ménage de moins de 65 ans	0,89	15,8
Personnes seules	*0,13*	*19,5*
Familles monoparentales	*0,23*	*34,8*
Couples sans enfant	*0,07*	*7,7*
Couples avec un ou deux enfants	*0,20*	*8,6*
Couples avec trois enfants ou plus	*0,20*	*23,9*
Autres types de ménages	*0,05*	*24,9*
Personne de référence du ménage de plus de 65 ans	0,11	7,3
Personnes seules	*0,05*	*11,0*
Couples	*0,05*	*5,3*
Autres types de ménages	*0,01*	*7,5*
Ensemble de la population	1,00	14,0

Source : INSEE. Champ : France métropolitaine, personnes vivant dans un ménage dont le revenu déclaré est positif ou nul et dont la personne de référence n'est pas étudiante.

La définition qui est donnée concerne la pauvreté monétaire, c'est-à-dire en revenu. Mais on peut ne disposer d'aucun revenu et disposer d'un patrimoine économique, professionnel, social etc. Toutefois, le plus souvent, la pauvreté monétaire va de pair avec celle dans les autres domaines.

Qui sont les pauvres ? Le tableau précédent donne la répartition des personnes pauvres en France en 2016 et le taux de pauvreté selon la composition du ménage.

Selon la définition donnée, 14% des personnes vivant en France sont pauvres, en excluant les ménages dont la personne de référence est étudiante. Les pauvres se recrutent essentiellement chez les personnes de moins de 65 ans, parmi lesquelles les plus représentées sont, dans l'ordre, les familles monoparentales, les couples avec enfants et les personnes seules.

Ces données semblent indiquer que les pauvres le sont moins à cause de leur revenu que de leur composition familiale. L'existence d'enfants contribue un peu à améliorer les ressources par les allocations familiales, l'allocation de rentrée scolaire, etc., mais contribue significativement à accroître les coûts. Réciproquement l'existence d'enfants, notamment dans le cas de famille monoparentales, peut-être un obstacle à l'amélioration des revenus du fait de la plus grande fréquence d'un travail à temps partiel ou à horaires décalés.

Mais le coût d'un enfant dans le système des échelles d'équivalence est supposé proportionnel au revenu du ménage. Ainsi, selon une étude de la DREES, « Les familles monoparentales dépensent en 2011 5900 € par an de plus que les personnes seules. Les allocations familiales ne couvrent pas la totalité de ce coût. L'unité de consommation représentant un enfant de moins de 14 ans est évaluée à 0,3, soit 300€ par mois pour un revenu de 1000

€ qui est de l'ordre du seuil de pauvreté. C'est le montant dont il faut majorer le revenu pour que la personne et l'enfant ait le même niveau de vie que la personne seule »[18].

La nature des ménages modestes s'est profondément modifiée depuis la deuxième guerre mondiale. Pendant les « 30 glorieuses » c'est-à-dire jusque dans les années 80, le relatif plein emploi rend marginale la pauvreté chez les personnes en âge d'être actif. La pauvreté est le fait des personnes âgées à une époque où les systèmes de retraite n'ont pas encore atteint le développement qu'ils ont connu depuis. Mais cette pauvreté est peu visible car les personnes âgées aux faibles ressources étaient prises en charge le plus souvent par le milieu familial qui fréquemment les hébergeait. Dans ces conditions les personnes âgées pauvres ne constituaient pas des ménages autonomes. Elles n'étaient qu'une des composantes des unités de consommation d'un ménage à revenu plus élevé. Dans ce cas jouent les économies d'échelle de consommation dues à la cohabitation.

Dans les 30 dernières années les personnes âgées ont cessé d'alimenter le contingent de ménages pauvres. Elles ont vu leurs ressources s'élever grâce à l'amélioration des systèmes de retraite. De ce fait elles ont pu garder leur existence en tant que ménages, c'est-à-dire un logement indépendant. Inversement des populations en âge d'activité ne sont plus en emploi. C'est le cas des jeunes notamment

---

18 Dossiers Solidarité et santé, Mesurer le coût de l'enfant : deux approches à partir des enquêtes Budget de famille DREES n°62, juin 2015 https://drees.solidarites-sante.gouv.fr/IMG/pdf/dss62.pdf et Voir aussi la simulation de la CAF pour une allocation universelle https://www.caf.fr/sites/default/files/cnaf/Documents/Dser/dossier_etudes/Dossier%20191%20-%20Allocation%20unique.pdf

quand ils sont peu ou pas qualifiés. C'est le cas aussi des parents de famille monoparentale où les enfants sont un frein à l'insertion dans le marché du travail. Dans le même temps le développement des minima sociaux permet à une partie de ces populations une autonomie de vie qui les fait apparaître dans les statistiques comme des ménages.

Les inégalités qui se sont accentuées sont donc celles concernant l'origine des revenus des plus modestes. On est passé de revenus modestes de retraite à des revenus modestes de transfert, en l'occurrence les minima sociaux. En nombre, les bénéficiaires de minima sociaux ont évolué autour de 3,1 million de 1994 à 2008 en France métropolitaine et depuis ont augmenté de manière continue pour atteindre 4,25 millions à la fin de 2018[19].

7 Éradiquer la pauvreté : économiquement réalisable, socialement plus difficile

Peut-on en finir avec la pauvreté ? Comment est-il possible qu'au 21ème siècle, eu égard au niveau de richesse atteint par les pays les plus développés, il y ait encore des pauvres ? En fait il est tout à fait possible d'éradiquer la pauvreté. La solution du problème renvoie à une question économique classique : combien ça coûte ? On soulèvera aussi un autre problème plus social qu'économique, celui de l'acceptabilité d'une hiérarchie des revenus sans pauvres.

On retient comme définition statistique de la pauvreté le fait de disposer d'un niveau de vie inférieur à 60% du revenu médian. Concrètement en 2016, le niveau de vie médian est

---

[19] Minima sociaux et prestations sociales, DREES, Ministère du travail et de la solidarité, édition 2020.

de 1710€ par mois, le seuil de pauvreté qui est défini comme 60% du revenu médian est donc de 1026 €. Pour rappel le SMIC net à plein temps est cette année-là de 1143 €.

On peut estimer le revenu mensuel moyen des pauvres de l'ordre de 800 €. Pour supprimer la pauvreté il faut que les 8783 mille pauvres voient leur niveau de vie amené au niveau du seuil de pauvreté. Si ce mouvement ne résulte pas d'une insertion dans le travail, cela conduit à transférer un montant de près de 24 milliards € annuellement. Économiquement c'est un montant important, environ un point de Produit Intérieur Brut, mais pas hors de portée d'une politique volontariste. La question est plutôt de savoir si c'est socialement acceptable.

Concrètement, éradiquer la pauvreté revient à augmenter le revenu des 2 premiers déciles de revenu de telle sorte qu'il devienne supérieur à celui du 2ème décile mais inférieur à celui du 5ème, la médiane, pour ne pas revaloriser celle-ci. Cela conduit en définitive à une distribution des niveaux de vie très concentrée dans les déciles en dessous de la médiane. Améliorer le sort des pauvres au point de faire disparaître cet état sans toucher au niveau de vie des plus aisés passe par un nivellement très accentué des niveaux de vie inférieurs à la médiane. Cette éventualité pose vraisemblablement moins de problèmes à ceux qui sont largement au-dessus du revenu médian qu'à ceux qui sont en dessous. En effet pour ceux en dessous du revenu médian cela signifie qu'il n'y a pas plus de 40% d'écart de revenu entre les personnes qui travaillent à temps complet et les autres personnes quelle que soit leur situation. Celles-ci peuvent travailler à temps partiel, être retraitées y compris bénéficier d'une pension de réversion, ou bénéficier d'un minimum social. Concrètement éradiquer la pauvreté signifie ramener le RSA à 1000 € quand le SMIC est à 1100 €. Les personnes qui sont dans ces tranches de niveau de vie sont-elles disposées à accepter cette contraction des différences sans contrepartie ? On rencontre un problème du même ordre quand on promet qu'aucune retraite (même pour une activité incomplète ?) ne soit inférieure à 1000 €.

Graphique 9 : Distribution des niveaux de vie après suppression de la pauvreté

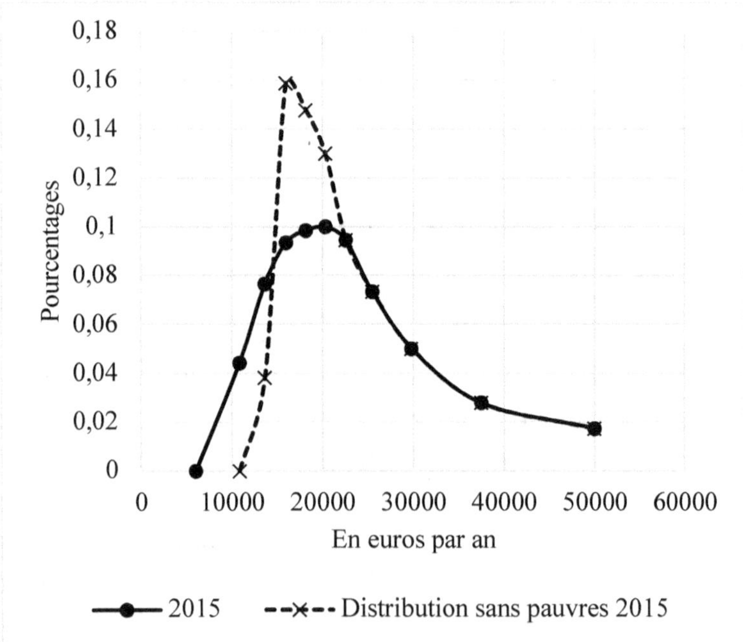

On a représenté sur le graphique précédant la distribution effective des niveaux de vie en 2015 et la distribution théorique obtenue en ramenant le niveau de vie des pauvres au seuil de pauvreté. Dans cette dernière situation on constate l'extrême concentration des revenus situés en dessous de la médiane.

Pour éradiquer la pauvreté sans que la contraction des inégalités soient peu acceptables par les personnes dont le niveau de vie est le plus proche de celui des pauvres, il faudrait que l'augmentation des niveaux de vie des pauvres soit, non pas le résultat d'un accroissement des revenus de transfert, mais la contrepartie d'une insertion dans le marché du travail, de telle sorte que le supplément de revenu soit la contrepartie d'une activité professionnelle.

8 Les inégalités de revenu au niveau européen

Eurostat, la direction des statistiques de l'Union Européenne, publie depuis peu à titre expérimental des valeurs de l'indice de Gini des pays européens pour la dépense des ménages, leur revenu, leur épargne et, pour certains pays, leur patrimoine. Le coefficient de Gini du revenu des ménages de la plupart des pays européens tourne autour de 0,35 en 2015. Certains pays ont un indice nettement au-dessus, le plus élevé étant celui de la Lituanie avec 0,448. D'autres ont une dispersion plus faible, le minimum étant atteint par la Slovaquie avec 0,323. Sur les seules données temporelles disponibles 2010 et 2015, la majorité des pays montrent une légère augmentation des inégalités.

Bref sur les données agrégées la dispersion des revenus ne montre par un caractère marqué en Europe. On peut aussi préciser la répartition des revenus en observant l'évolution du partage de la valeur ajoutée entre le capital et le travail. On ne retient ici que les données globales des 28 membres et celle des trois plus grands pays. Les données les plus anciennes disponibles pour ces 4 entités ne remontent pas au-delà de 1995. Elles ne font apparaître aucune évolution tendancielle marquante de la part des salaires dans le PIB.

Dans les 28 pays membres de l'UE en 2018, elle est stable. En Allemagne cette part tend à diminuer faiblement sur la période mais est la manifestation de deux évolutions différentes, une décroissance jusqu'en 2007 et une augmentation depuis 2007, si bien que le niveau actuel est quasiment identique à celui d'il y a 20 ans.

Graphique 10 : Part des salaires dans le PIB en Europe

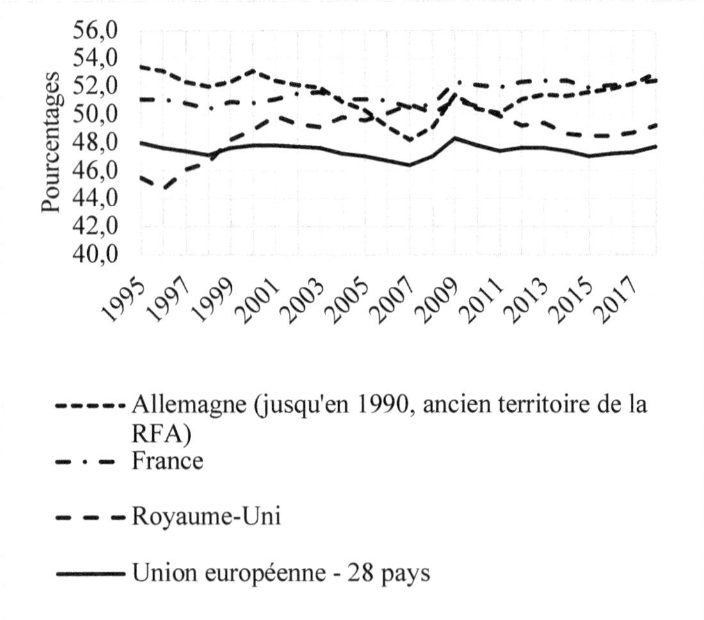

Source : Eurostat

Le Royaume-Uni montre une évolution sensiblement inverse de celle de l'Allemagne avec une croissance de la part des salaires jusqu'en 2009, suivie d'une faible décroissance ensuite. Les données pour la France confirment celles déjà montrées. Elles se caractérisent par une grande stabilité de la part des salaires dans le PIB. En définitive depuis 20 ans il n'y a pas d'évolution significative de la part des salaires dans la valeur ajoutée.

9 Les inégalités mondiales de revenu

Avant de discuter du niveau et de l'évolution des inégalités au niveau mondial, il faut faire quelques observations sur les données statistiques utilisées. Celles-ci sont issues de données produites au niveau national par des institutions publiques de statistiques. Les moyens et la capacité à élaborer des statistiques dépendent du niveau de développement du pays concerné. Pour le dire autrement, les inégalités de développement des pays se traduisent dans une inégalité de développement et de fiabilité des statistiques publiques. Bon nombre de pays n'ont pas les moyens de collecter des statistiques détaillées, même si les états les plus pauvres peuvent bénéficier d'aide et d'assistance internationales.

En second lieu la production des statistiques étant d'origine publique, certains états peuvent les utiliser comme variable stratégique. C'est déjà le cas au niveau agrégé, celui du PIB notamment, que dire alors de données résultant de la ventilation du PIB, celles concernant la distribution des revenus !

Ceci étant noté, considérons l'humanité dans sa totalité et demandons-nous comment a évolué la distribution des revenus ou des niveaux de vie, disons depuis le début de la mondialisation, c'est-à-dire les années 90. Les inégalités se sont-elles accentuées ou ont-elles diminué ? La réponse ne souffre pas d'ambiguïté : les inégalités se sont significativement réduites. La réduction est tellement manifeste qu'elle peut s'observer sans statistique. On voit en effet que le développement de l'économie de marché dans des pays regroupant plusieurs milliards d'individus a permis à leurs habitants de sortir de la misère et à leur niveau de vie de se rapprocher de celui des pays occidentaux. Il suffit de se rappeler par exemple l'état de la Chine communiste avant son ouverture pour mesurer la formidable croissance de revenu qu'elle a connue. Les données statistiques ne font que confirmer ce fait, notamment celles traitées par François Bourguignon, professeur d'économie qui a été économiste en chef de la banque mondiale[20]. Elles sont représentées dans le graphique suivant où les pays sont rassemblés en groupe de niveaux de développement voisins.

Les données distinguent les inégalités entre les pays et celles à l'intérieur des pays. En utilisant l'indice d'inégalité de Theil dont on a vu qu'il présentait la propriété d'additivité, les inégalités globales sont la somme pondérée des inégalités entre pays et des inégalités à l'intérieur des pays.

---

[20] François Bourguignon et Anne Châteauneuf-Malclès « L'évolution des inégalités mondiales de 1870 à 2010, site Ressources en sciences économiques et sociales, 20/06/2016, http://ses.ens-lyon.fr/ressources/stats-a-la-une/levolution-des-inegalites-mondiales-de-1870-a-2010 .

Graphique 11 : Indice de Theil des inégalités mondiales de revenu

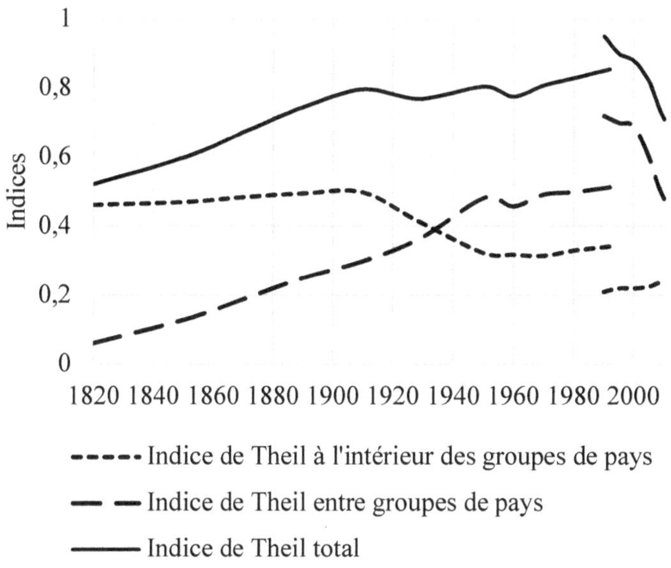

Source : François Bourguignon, calculs réalisés à partir des séries d'A. Maddison, des données de l'OCDE et de la Banque mondiale (POVCAL). Les courbes en pointillé sont construites à partir des données de l'article de F. Bourguignon et C. Morrisson, "Inequality among World Citizens : 1820-1992", *The American Economic Review*, Vol.92, n°4, 2002. Note : La rupture entre les courbes en 1990 est due à un changement de bases de données.

Le graphique précédent montre que les inégalités globales sont restées très stables tout au long de la majeure partie du 20ème siècle, de 1910 à 1990, pour se réduire significativement depuis la fin du 20ème siècle. Cette évolution récente est le résultat de deux phénomènes assez contrastés : d'une part la réduction massive des inégalités entre pays qu'on a déjà signalée, d'autre part la stabilité voire la faible croissance des inégalités au sein des pays.

L'humanité est structurée socialement d'abord sous la forme d'États qui exercent leur souveraineté sur un espace géographique donné. Les états sont à la fois des niveaux de décision et des périmètres d'observation qui fournissent éventuellement des données sur la question. Or observer l'évolution pays par pays passe à côté de l'essentiel, c'est-à-dire l'évolution des écarts entre les pays, ce qui contribue grandement à la répartition mondiale des revenus. Si on focalise l'observation sur la courbe de l'indice de Theil au sein des pays au début du 21ème siècle, on constate en effet une augmentation légère des inégalités. Mais c'est un point de vue partiel, donc partial. En prenant aussi en considération les inégalités entre pays, on voit apparaître avec force la réduction mondiale des inégalités de revenu.

Chapitre 4 Mobilité sociale et égalité des chances

Une thématique récurrente de la question des « inégalités » est celle de l'égalité des chances. C'est une notion ambigüe qu'il faut préciser. Fondamentalement, il s'agit de la possibilité de s'élever dans « l 'échelle sociale », c'est-à-dire d'améliorer son statut social. Cette possibilité peut s'apprécier à l'échelle de la vie d'un individu ou à l'échelle de plusieurs générations. On définit quelques indicateurs de statut social avant d'examiner les conditions qui permettent d'améliorer l'égalité des chances.

1 Les indicateurs de statut social

Jusqu'ici on a considéré essentiellement les inégalités économiques du point de vue du revenu et ultérieurement du point de vue des patrimoines (chapitres 5 et 6). Or si ces deux grandeurs sont des indicateurs importants de la position sociale, elles ne l'épuisent pas. On peut disposer d'un maigre revenu mais disposer d'une certaine prééminence sociale par son nom, son patrimoine, sa production intellectuelle ou artistique, son influence. Combien d'artistes sont révérés maintenant alors qu'ils ont vécu chichement, voire misérablement ! De même les réseaux sociaux valorisent moins le fait d'être riche que d'être célèbre, même si la célébrité peut finir par se monétiser.

D'autre part les inégalités de revenu font référence à une grandeur continue. On peut glisser progressivement d'un bas revenu à un revenu plus élevé. Mais certaines « inégalités » sont de nature qualitative, comme la catégorie sociale.

Il faut donc introduire une notion plus large que celle définie par la seule variable revenu. De longue date on a défini la notion qui répond à ce besoin comme étant celle de « classe sociale ».

Dans les statistiques de l'INSEE, la classe sociale est identifiée par la PCS, la Profession et Catégorie Socio-professionnelle. Cette codification est définie par le métier occupé et le statut sous lequel il est exercé, en salarié ou en indépendant.

Tableau 2 : Répartition de la population française par catégorie socio-professionnelle en 2018

Catégorie socioprofessionnelle	%
Agriculteurs exploitants	0,8
Artisans, commerçants, chefs d'entreprise	3,4
Cadres et professions intellectuelles supérieures	9,6
Professions intermédiaires	13,8
Employés	15,3
Ouvriers	11,8
Inactifs ayant déjà travaillé	32,5
Personnes n'ayant jamais travaillé	12,6
Total	100,0

Source INSEE, champ : France hors Mayotte, population des ménages personnes en emploi de 15 ans ou plus.

Au niveau le plus agrégé la population est répartie en 8 PCS. La répartition de la population française entre ces PCS est fournie dans le tableau précédant.

La structuration de la population par la PCS est finalement assez voisine de la notion de classe sociale utilisée en sociologie et popularisée par le marxisme, même s'il y est fait maintenant moins souvent référence. Elle fait apparaître une première difficulté, celle de la hiérarchie sociale. Derrière la notion d'égalité des chances, il y a en effet l'idée qu'il existe une hiérarchie sociale dans laquelle se poserait la question du niveau ou de la progression. L'identification d'une telle hiérarchie n'est pas aisée, pour tant est que son existence soit établie. En effet, on peut admettre qu'un cadre ou un membre des professions intellectuelles classées comme *supérieures* occupe une position *supérieure* à celle d'un employé ou un membre des professions intermédiaires, mais comment situer par exemple le statut d'agriculteur exploitant et celui de profession intermédiaire ? D'autant que les agriculteurs exploitants comme les chefs d'entreprise présentent une grande disparité de situations, de revenu, sinon de statut. Quoi de commun entre le grand céréalier et le petit exploitant pratiquant la polyculture ? De même quoi de commun entre le dirigeant d'une entreprise du CAC 40 et l'artisan indépendant ? L'INSEE les range dans la même PCS, même si une certaine ventilation est disponible. De même les retraités présentent le point commun de ne plus exercer d'activité économique principale, mais cette situation présente aussi une extrême diversité résultant largement de l'activité exercée antérieurement.

La caractérisation de la position sociale par le statut identifié à la PCS est donc source de difficultés. Elle reste finalement assez subjective. On contourne le problème en recourant au revenu comme indicateur social qui permet de classer tous les individus entre eux sans ambiguïté. De fait on constate une certaine corrélation entre le revenu et ce qu'on peut considérer comme l'échelle sociale exprimée par la catégorie sociale. Mais le statut social ne se résume pas au revenu. Par exemple, un commerçant jouissant de revenus élevés pourra être socialement moins considéré qu'un membre d'une profession libérale de revenu moindre, comme un avocat.

2 La mobilité sociale

La répartition de la population entre les différents statuts sociaux constitue un état social à un moment donné. C'est une photo de la réalité sociale. Quand on parle de mobilité sociale, on considère implicitement une évolution dans le temps, un changement d'état. Mais de quelle évolution s'agit-il ? Dans les textes qui évoquent la mobilité sociale, il n'est en réalité question que d'ascension sociale et d'égalité des chances. La mobilité sociale n'est envisagée que vers le haut. L'égalité des chances n'est évoquée que pour ceux des statuts sociaux inférieurs pour lesquels elle ne serait pas réalisée. Il y a l'idée d'amélioration de la situation de certains. Or pour qu'il y ait amélioration de la situation sociale de certains, notamment en termes d'ascension sociale, il faut se demander s'il n'y a pas descente sociale d'autres.

On notera ensuite que la mobilité sociale n'est pas nécessairement un objectif pour les individus et n'en a en tout cas pas toujours été un. Nombre de personnes exercent le métier qu'a exercé leur père, leur grand-père et quelques fois leurs ancêtres plus lointains. Certains de ceux-là s'en prévalent, même s'ils ne relèvent pas d'un statut social des plus élevés. Ce peut être le cas notamment dans des professions qui nécessitent une certaine familiarisation avec le produit et les techniques de production comme viticulteur, exploitant agricole, ou marin-pêcheur. C'est bien entendu aussi le cas de professions socialement plus reconnues comme les professions militaires, médicales ou juridiques. On trouve moins le cas dans les emplois artisanaux parce qu'ils ont connu une forte contraction du fait de l'industrialisation. Par exemple les générations successives de cordonniers sont désormais plus rares, même si certains peuvent encore s'en prévaloir[21].

Concrètement, la mobilité sociale s'apprécie sur la durée de vie d'un individu ou sur au moins deux générations, celle des parents et celle des enfants. On compare le statut social des uns et des autres pour apprécier l'importance de la mobilité sociale. On compare aussi cette mobilité selon les statuts pour apprécier l'égalité des chances, c'est-à-dire comparer la probabilité d'accès à un statut supérieur selon l'origine sociale. Les inégalités de revenu ou de patrimoine se mesurent en comparant des situations contemporaines. Les questions de mobilité sociale comparent des personnes dans un intervalle de temps de plusieurs dizaines d'années. C'est donc plus une question de dynamique sociale que de seule répartition des richesses à un moment donné.

Quelle est la réalité de la mobilité sociale en France ?

---

[21] Voir « générations de cordonniers » sur un moteur de recherche internet.

Une enquête de l'INSEE fournit des informations sur ce sujet[22]. Globalement la mobilité sociale mesurée par le pourcentage de personnes d'une même CSP qui occupent la même CSP que leur père est stable. Ainsi la majorité des agriculteurs sont fils d'agriculteurs mais la majorité des fils d'agriculteurs ne sont pas agriculteurs parce que leur nombre a fortement chuté. Il y a donc une certaine stabilité de la répartition des personnes dans les statuts sociaux au travers des générations.

Mais la perception que peuvent avoir les personnes des inégalités peut être différente[23]. Selon une enquête de l'INSEE, « sur une génération, la structure sociale s'est modifiée vers le haut, avec notamment une progression de la proportion de cadres. Ainsi, en 2014-2015, près de quatre personnes de 30 à 59 ans sur dix considèrent que le niveau ou le statut de leur profession est plus élevé ou bien plus élevé que celui de leur père. À l'inverse, un quart des personnes expriment un sentiment de déclassement ». Ce sentiment varie selon le statut, selon le sexe et selon la personne de référence, le père ou la mère.

De quoi dépend la mobilité sociale ? Elle dépend nécessairement du niveau occupé. Quand on est au sommet de la hiérarchie sociale, il est impossible de monter, mais seulement possible de descendre. Quand on est au plus bas niveau, il est difficile de descendre. Dans les deux cas, il y

---

[22] Stéphanie Dupays "En un quart de siècle, la mobilité sociale a peu évolué », Données sociales, INSEE, édition 2006, https://www.insee.fr/fr/statistiques/1371953?sommaire=1372045

[23] Tiaray Razafindranovona, « Malgré la progression de l'emploi qualifié, un quart des personnes se sentent socialement déclassées par rapport à leur père » INSEE Première n°1659, 112/07/2017, https://www.insee.fr/fr/statistiques/2897850 .

a donc plus de chance de rester au même niveau que lorsque l'on part d'un niveau intermédiaire, celui des « classes moyennes ». C'est sans doute la raison pour laquelle « l'immobilité sociale est forte aux deux bouts de la hiérarchie sociale » (Observatoire de la société). De même l'OCDE constate une forte inertie en haut et en bas de la distribution dans le domaine de l'éducation, de l'activité professionnelle et des revenus[24].

Elle a calculé le nombre de générations théoriques nécessaires pour qu'un individu du 1er décile atteigne le revenu médian : « Si cette mesure (également appelée « élasticité ») est égale à zéro, les résultats d'un enfant à l'âge adulte sont sans rapport avec la situation des parents et la mobilité relative est au plus haut niveau. En revanche, si l'élasticité est de 100%, tous les résultats sont entièrement déterminés par la situation des parents et la mobilité est au plus bas niveau. En ce qui concerne les revenus d'activité d'une génération à l'autre, la persistance intergénérationnelle est d'environ 40% en moyenne dans la zone OCDE ; elle varie de moins de 20% dans les pays nordiques à 70% ou plus dans certaines économies émergentes. Ces chiffres signifient que si les revenus d'activité d'un père sont le double de ceux d'un autre, les revenus d'activité de l'enfant du père plus aisé seront alors supérieurs d'environ 40% à ceux de l'enfant du père au revenu plus modeste dans un pays moyen de l'OCDE (…). Autrement dit, 20 à 70% de la variation des revenus d'activité des pères est transmise à leurs enfants. Avec le

---

[24] OCDE, A Broken Social Elevator? How to Promote Social Mobility, 2018, http://www.oecd.org/fr/els/soc/inegalite-et-pauvrete.htm http://www.oecd.org/fr/els/soc/Mobilite-sociale-2018-PrincipauxResultats.pdf

temps, les revenus d'activité relatifs des familles aisées diminueront, tandis que ceux des familles modestes augmenteront pour se rapprocher de la moyenne –un phénomène appelé « convergence vers la moyenne » –mais ce processus peut être beaucoup plus lent que ces chiffres ne le laissent entendre de prime abord. Si l'on considère un « pays-type » de l'OCDE et si l'on prend la persistance des revenus d'activité médiane (« élasticité ») de 39% et le rapport médian entre le décile inférieur des revenus et le revenu moyen (environ 1/3), il faudrait quatre à cinq générations pour que les enfants situés dans le décile inférieur se hissent au niveau du revenu moyen ».

La mobilité sociale ne dépend pas seulement de l'appartenance sociale des parents puisque les enfants de mêmes parents peuvent connaître des destins sociaux différents. On peut noter par exemple, que le destin des enfants dépend du nombre de la fratrie. Zarca[25] indique à partir des données de 1976 et 1985 que « quelle que soit la position paternelle, les frères actifs occupent en moyenne des positions moins élevées s'ils sont plus nombreux : le passage de deux frères à plus de deux frères creuse l'écart dans tous les cas, à l'exception de celui où le père occupait une position supérieure….Pour l'ensemble des fratries, considérées indépendamment de la position sociale du père, il n'y a qu'une légère différence dans les distributions des positions socio-professionnelles des aînés des frères d'une part, des benjamins de l'autre ». Et l'on n'évoque pas les inégalités selon les sexes qui font l'objet de multiples travaux.

[25] Bernard Zarca « L'héritage et la mobilité sociale au sein de la fratrie », revue Population 1995, 50-2 page 331-356.

Reste maintenant à apprécier les conditions qui permettent de tendre vers cette égalité des chances.

3 L'égalité des chances est difficile à réaliser

On considère que les individus sont appelés à occuper les places sociales disponibles selon une certaine probabilité. Pour satisfaire le principe d'égalité cette probabilité pourrait être représentée par un tirage au sort. On tirerait au sort à la fois la place qui est offerte et la personne qui va l'occuper. Dans ce cas l'égalité absolue des chances implique que la probabilité d'accession à une place est la même pour toutes les places et pour tous les individus. Elle ne dépend pas de la place précédemment occupée. Les probabilités conditionnelles sont égales, la condition étant la place précédemment occupée. La distribution de probabilité des places est alors une distribution équiprobable ou uniforme. En particulier la probabilité d'occuper une place déterminée ne dépend pas de celle occupée antérieurement ou par l'ascendant direct. Cette situation correspond à la valeur de l'élasticité nulle évoquée précédemment.

L'affectation des places selon ce tirage au sort peut être opérée à n'importe quel moment. Par exemple on peut imaginer que ce tirage au sort soit opéré à chaque nouvelle génération. On peut imaginer aussi que cette affectation des places soit remise en cause périodiquement.

Ce procédé soulève cependant la question de l'adéquation des personnes aux places qu'elles vont occuper. Les compétences et même les goûts des individus ne correspondraient pas nécessairement aux fonctions à remplir. C'est donc une démarche à l'efficacité économique douteuse.

Dans la réalité le fonctionnement de la société ne repose pas sur une allocation aussi radicale des places ou des positions sociales. Les places précédemment occupées par les personnes ou leurs ascendants jouent un rôle dans la réaffectation des places. Il s'agit alors d'examiner dans quelles conditions les probabilités conditionnelles d'accès à une place plus élevée dans la hiérarchie sociale peuvent tendre vers l'égalité, sinon être égales.

Dans ce processus on ne considère pas que toutes les places sont remises en jeu à chaque tirage ou à chaque génération, mais qu'on part d'une répartition sociale donnée de la population. On représente cette hiérarchie sociale sous la forme d'une pyramide à degrés. Les personnes sont installées sur les différents degrés et elles sont plus nombreuses sur les degrés du bas que sur ceux du haut parce que, par définition, la pyramide se rétrécit au fur à mesure qu'on s'élève. Les degrés les plus hauts correspondent aux situations sociales les plus enviables.

On définit l'égalité des chances comme la probabilité égale pour chacun d'accéder au niveau social immédiatement supérieur. Cela pose déjà un problème pour ceux qui sont sur le degré le plus haut puisqu'ils ne peuvent pas monter plus haut. Les personnes qui y sont peuvent au mieux espérer s'y maintenir. Par ailleurs cela implique que s'ils ne montent pas d'une marche, ils ne libèrent pas de places pour l'accès de personnes du niveau inférieur.

De manière générale, la probabilité égale d'accès au niveau supérieur se concrétise par une égale proportion des personnes de chaque degré qui accèdent au degré supérieur. Cette égalité des probabilités conditionnelles est tout à fait concevable. Elle peut toutefois être perturbée par certains facteurs.

Elle peut tout d'abord être modifiée si le nombre de personnes à « faire monter » dans la pyramide est proportionnellement différent dans les niveaux inférieurs par rapport aux niveaux supérieurs. Explicitons. L'égalité des chances se conçoit surtout à un niveau intergénérationnel. Elle s'observe en comparant le statut social d'une génération d'enfants par rapport à celui de leurs parents. Pour éviter la congestion au niveau supérieur par une montée d'un plus grand nombre de personnes que le nombre de places libérées, il suffit que le nombre d'enfants par famille des niveaux inférieurs soit plus faible que celui des niveaux supérieurs, de telle sorte que l'égalité des chances porte sur un moindre nombre de personnes dans les échelons du bas de la pyramide sociale[26]. Mais cela n'est pas ce que l'on constate. Les ménages de statut social moins élevé ont un nombre d'enfants plutôt plus élevé, comme le montre le tableau suivant. Les ouvriers et les employés ont en moyenne plus d'enfants que les cadres et les professions intermédiaires.

Ce sureffectif des candidats à l'ascension sociale dans les degrés inférieurs de la pyramide sociale est un facteur d'engorgement pour la montée aux échelons supérieurs.

---

[26] Ce pourrait être une recommandation pour améliorer la possibilité de l'égalité des chances : que les familles des couches sociales inférieures fassent moins d'enfants. On reconnaît là le discours de Malthus. On y revient infra chapitre 8.

Tableau 3 : Nombre d'enfants de moins de 25 ans selon la catégorie socioprofessionnelle en 2013

Agriculteurs exploitants	1,18
Artisans, commerçants, chefs d'entreprise	1,29
Cadres et professions intellectuelles supérieures	1,25
Professions intermédiaires	1,23
Employés	1,35
Ouvriers	1,33
Retraités	0,08
Autres personnes sans activité professionnelle	1,28
Ensemble	0,94

Source : INSEE

Le deuxième facteur modifiant l'égalité des chances réside dans la déformation de la pyramide au cours du temps. En particulier, s'il y a un élargissement de la pyramide vers le haut avec le temps, le nombre de places des niveaux supérieurs augmente. Ceci suppose une déformation de la structure sociale et donc de la structure des emplois. D'une certaine manière, c'est ce qui s'est plus ou moins passé depuis au moins les années 60 comme le montre la statistique des CSP (tableau suivant).

Tableau 4 : Répartition des actifs en emploi par catégorie socio-professionnelle

Catégorie socioprofessionnelle	1962	2012	2017
Agriculteurs exploitants	16,0	2,0	1,6
Artisans, commerçants, chefs d'entreprise	11,0	6,4	6,5
Cadres et professions intellectuelles supérieures	4,7	17,9	18,0
Professions intermédiaires	11,1	24,6	25,7
Employés	18,3	28,2	27,2
Ouvriers	38,9	20,9	20,8
Non déterminé	0	1,2	0,3
Total	100,0	100,0	100,0

Source INSEE, champ : population des ménages personnes en emploi de 15 ans ou plus.

Elle fait apparaître l'accroissement de la proportion des emplois intermédiaires et de cadres au détriment des emplois d'ouvriers et d'employés mais aussi de ceux d'agriculteurs exploitants et d'artisans, commerçants et chefs d'entreprises. Par conséquent l'égalité des chances n'est possible qu'avec de la croissance économique. *A contrario*, l'impression actuelle de panne de l'ascenseur social peut provenir de l'arrêt de la croissance et corrélativement de celle des opportunités professionnelles. Notons encore que l'expression « ascenseur » social est doublement malheureuse ; d'une part parce qu'elle laisse supposer qu'il suffit d'appuyer sur un bouton pour monter ;

d'autre part parce qu'elle laisse supposer que les étages supérieurs ont la même surface que les étages inférieurs. Il vaudrait mieux parler d'escalier social pour rendre compte de l'effort nécessaire pour monter, et mieux encore de pyramide sociale à degrés pour exprimer son rétrécissement vers le haut.

Si l'élargissement de la pyramide vers le haut est la solution à l'égalité des chances d'ascension sociale, rien ne garantit qu'il fonctionne de manière à apporter un nombre de positions sociales supérieures au moins égal à celui des candidats à la promotion sociale. Ce dernier dépend largement de la structure de la population et du comportement de fécondité des ménages tandis que le premier dépend de l'évolution de l'appareil productif. Rien ne garantit non plus qu'ils évoluent en parallèle, d'autant que les évolutions de l'un et de l'autre s'opèrent sur le long terme. C'est le marché du travail qui réalise cette correspondance entre les besoins de l'appareil productif et les dispositions des personnes.

Le même problème arithmétique se pose avec l'augmentation des niveaux de formation. Le discours dominant est que la formation est non seulement le remède contre le chômage mais aussi le moyen d'accéder à des emplois plus qualifiés. C'est vrai individuellement. Mais si le nombre de qualifiés augmente plus vite que le nombre d'emplois correspondant à ces niveaux de qualification, tous les qualifiés ne pourront pas accéder à des emplois correspondants, ce qui pourra faite naître un sentiment de déclassement. La vérité est que désormais n'importe quelle qualification supérieure ne correspond pas à un emploi de qualification correspondant. Certaines formations y conduisent, d'autres présentent plus de difficultés pour y parvenir.

Une forme un peu différente de l'élargissement vers le haut de la pyramide dans le temps est l'existence d'une forme rhomboïdale de la pyramide sociale. C'est une pyramide dont les côtés sont moins inclinés vers le haut que dans les parties inférieures, comme certaines pyramides de l'Égypte ancienne[27]. Dans ce cas les positions hautes diminuent quand on s'élève mais moins vite que dans une pyramide régulière. Par conséquent dans le bas de la pyramide, la progression est moins difficile que dans le haut où les positions les plus hautes diminuent plus rapidement quand on s'approche du sommet.

Pour l'accession aux positions les plus hautes on peut alors envisager que parallèlement à l'ascenseur social fonctionne aussi un « descendeur » social. Dans ce cas proportionnellement plus de personnes descendent des degrés les plus élevés que de personnes qui y montent. On aurait alors affaire à une inégalité des chances à rebours : les plus hauts placés dans la pyramide auraient plus de chances de descendre ou moins de chances de monter que les moins hauts. La vérité est que l'on s'intéresse peu au « descendeur » social. C'est pourtant un mécanisme qui est à l'œuvre dans certaines sociétés. Sous l'Ancien Régime en France où la position sociale dépendait plus qu'aujourd'hui de la naissance, le maintien des privilèges, notamment la transmission des titres de noblesse de génération en génération, n'était obtenu que par la mise en œuvre d'un

[27] Les pyramides rhomboïdales de l'Égypte ancienne ne sont pas généralement des pyramides à degré mais on peut en concevoir de cette sorte.

descendeur social pour les cadets. Le maintien au niveau supérieur est organisé par une règle de primogéniture assortie d'une règle de sexe (loi salique). Il peut concerner le statut et/ou le patrimoine matériel. Le titre de noblesse est dévolu à l'ainé. Le patrimoine est réparti de manière inégalitaire. Par exemple selon les règles de transmission de la noblesse bretonne selon Chateaubriand les 2/3 du patrimoine du père vont à l'ainé. De fait, une partie de l'aristocratie finit par sortir de ce statut : « on voit dans les anciennes familles nobles une quantité de cadets ; on les suit pendant deux ou trois générations puis ils disparaissent, redescendus peu à peu à la charrue ou absorbés par les classes ouvrières, sans qu'on sache ce qu'ils sont devenus »[28]. Ce mécanisme implique que les privilèges ne sont pas acquis une fois pour toutes ou au moins pas pour tous. Une sélection selon les appétences ou les compétences peut aussi être pratiquée. Ces situations ont donné lieu à nombre de productions littéraires ou cinématographiques.

Cette possibilité d'une répartition inégale du patrimoine successoral est encore possible dans la législation française actuelle mais elle est limitée avec l'existence de la part réservataire. Mais il ne s'agit là que la transmission du patrimoine financier. Le capital culturel est plus aisément transmis. C'est un des leitmotivs des travaux du sociologue Pierre Bourdieu.

4 La crainte de la pauvreté

Le niveau inférieur de la pyramide sociale présente une autre difficulté. C'est qu'il n'existe pas de niveau en dessous de ce niveau inférieur. Pour ceux qu'ils l'occupent

[28] Chateaubriand, Mémoires d'outre-tombe, Livre 1, chapitre1.

la question n'est pas seulement celle de la chance d'accéder à un niveau supérieur mais aussi celle de la probabilité de s'y maintenir. La difficulté se présente si les emplois qui correspondent à ce niveau évoluent en quantité insuffisante pour assurer le maintien de ceux qui y sont déjà. C'est un peu la situation actuelle pour les personnes qui sont sur la première marche de la pyramide qui craignent de tomber dans la misère. Les emplois peu qualifiés diminuent et les personnes sont trop nombreuses pour que toutes puissent s'y maintenir. Un certain nombre en est donc exclu. Elles n'ont alors plus d'autre statut social que celui d'assistés avec un revenu de solidarité inférieur au revenu minimum d'activité. Le problème est accru quand des nouveaux arrivants, des immigrés par exemple, candidatent eux aussi sur des emplois correspondant à la première marche des statuts sociaux avec des attentes moindres en termes de conditions de travail et peut-être aussi de rémunération.

Ce blocage social et ce risque de déclassement résultent largement du ralentissement de la croissance sur les 10 dernières années. Finalement le problème actuel n'est pas tellement celui de l'ascenseur social mais celui du maintien d'une partie de la population à son « modeste » statut actuel.

5 Égalité des chances ou des revenus ?

On a examiné deux questions relevant de la thématique des inégalités, celle de l'inégalité des revenus et celle de l'égalité des chances. Commençons par observer que dans un cas on parle d'inégalité (des revenus) et dans l'autre d'égalité (des chances), comme si l'état naturel des revenus était d'être inégaux alors que celui des chances pourrait ou devrait être l'égalité. Il y a donc une vision asymétrique de ces deux dimensions des inégalités. Une certaine inégalité des revenus serait donc acceptable sous réserve que l'on ait l'égalité des chances, ce qui pose la question de leur substituabilité. On peut formuler la question de la manière suivante : est-il préférable que les situations sociales soient plus inégales mais que les possibilités d'accès aux plus hautes soient ouvertes au plus grand nombre, ou que les situations sociales soient plus égales même si les chances d'accès aux situations les plus hautes soient moins égales (cf. Dubet[29]) ? Dans une certaine mesure ces deux configurations correspondent au cas des Etats-Unis et à celui de la France. En France la hiérarchie sociale est moins étendue qu'aux États-Unis mais les déterminismes sociaux sans doute plus prégnants.

La différence entre les deux égalités-inégalités est dans l'espoir que les personnes peuvent avoir d'une vie meilleure pour eux-mêmes ou pour leurs enfants. On peut préférer espérer accéder à une situation très élevée avec des chances d'accès raisonnables plutôt que d'accéder à une situation pas aussi élevée mais avec des chances d'accès moindres. L'arbitrage est donc entre l'amplitude de la hiérarchie sociale et l'égalité des chances. Or ce qui satisfait vraisemblablement le plus les personnes c'est sans doute davantage l'espérance d'une amélioration possible de leur situation que leur situation actuelle comparée à celle des autres. La conception implicite de la dynamique sociale des individus reposerait alors sur l'idée : peu importe que les chances soient peu égales si c'est pour accéder à une situation peu différente de celle que l'on occupe. On peut aussi envisager que les différences sociales soient

---

[29] François Dubet, « Égalité des places, égalité des chances » Études 2011/1 (Tome 414), pages 31 à 41.

faiblement marquées et les chances plus égales. C'est semble-t-il ce qui caractériserait les sociétés des pays nordiques.

On peut conceptualiser une forme extrême de l'arbitrage chances-revenus par la notion de voile d'ignorance qui a été utilisée notamment par John Rawls après d'autres[30]. On considère que les situations sociales sont recouvertes par un voile d'ignorance qui empêche chacun de savoir quelle situation il va occuper. Cela permet à chacun *a priori*, indépendamment de sa situation personnelle, de définir la hiérarchie sociale qu'il préfère, par exemple sous la forme de la distribution des revenus[31]. Ensuite seulement est déterminée la place que chaque individu va occuper effectivement. Par exemple cette affectation peut résulter d'un tirage au sort qui correspond à une égalité des chances totales. Seul le hasard fait alors qu'on occupe telle ou telle position.

Il y a donc peut-être une certaine substitution entre l'égalité des chances et l'(in)égalité des revenus. Des revenus plus inégaux sont plus facilement acceptés quand chacun pense avoir des chances raisonnables d'accéder aux plus élevés. Mais ces chances raisonnables supposent un dynamisme économique qui passe par la croissance. On peut se demander si actuellement ce n'est pas le ralentissement de la croissance qui, en pesant sur les espérances d'ascension sociale et en accentuant les risques de déclassement, rend les inégalités moins supportables. En effet la croissance amène de nouvelles activités et de nouveaux emplois,

[30] John Rawls, Théorie de la justice, Seuil, 1987 (traduction française).
[31] On ne traite pas ici la question de savoir comment s'agrègent les préférences individuelles pour définir une hiérarchie sociale admise collectivement.

notamment plus qualifiés. On a donc besoin de la croissance économique pour renforcer une certaine mobilité sociale vers le haut.

Chapitre 5 Les patrimoines et leur évolution

Le patrimoine, au sens économique du terme, est ce dont on dispose à un moment donné et qui a une valeur économique. Il trouve son expression juridique dans le droit de propriété. Il comporte les droits d'usus, d'abusus et de fructus, c'est-à-dire d'usage, d'aliénation (vente) et de revenu. Le droit d'usage constitue une autre forme du revenu, en nature.

Les biens concernés peuvent être des biens immobiliers, des terrains agricoles, des logements, ou des actifs financiers, numéraire, actions, obligations, créances, etc. Il peut s'agir aussi de droits à percevoir un revenu futur comme dans un système de pension ou de droits d'auteur.

Le patrimoine a la dimension d'un stock. Il se mesure à une date donnée, souvent en fin d'année. De ce point de vue, il diffère d'un revenu qui a la dimension d'un flux et se mesure entre deux dates, souvent sur une année.

Les patrimoines sont répartis inégalement entre les ménages et les inégalités y sont plus grandes qu'entre les revenus. Les deux types d'inégalités n'ont pas non plus la même importance. On peut vivre sans patrimoine, on ne peut pas vivre sans revenu. Si personne n'a de patrimoine rigoureusement nul, c'est qu'on considère comme patrimoine les liquidités que détiennent les personnes les plus modestes pour gérer leur trésorerie ou faire face à des dépenses exceptionnelles. En réalité il ne s'agit pas vraiment d'un patrimoine au sens économique du terme, c'est-à-dire de moyens financiers qui peuvent faire l'objet d'un arbitrage dans le temps et qui n'ont pas nécessairement vocation à être dépensés. De ce point de vue, une bonne partie de la population n'a quasiment aucun patrimoine.

Bien entendu si l'on n'a pas de revenu issu d'une activité mais que l'on dispose d'un patrimoine on peut disposer des revenus générés par ce patrimoine, quand c'est le cas. Certains éléments de patrimoine peuvent ne rien produire, comme les objets d'art qui coûtent, en gardiennage, assurance etc., plus qu'ils ne rapportent. Mais on peut liquider ou liquéfier ou encore monétiser son patrimoine, c'est-à-dire le transformer en liquidités que l'on peut alors dépenser comme un revenu.

Comme on ne peut pas vivre sans revenu, Il y a des politiques de transferts systématiques de la collectivité vers ceux qui, sans aide, n'auraient aucun moyen de subsistance. En revanche, comme on peut vivre sans patrimoine, il n'existe pas de système de dotation en patrimoine en direction de ceux qui n'en ont pas. On peut en imaginer, voire substituer de tels transferts aux transferts de revenus.

La détention d'un actif patrimonial, qui constitue un patrimoine brut, peut être grevée d'une dette, qu'elle ait été contractée pour constituer le patrimoine ou pour tout autre objet. On définit donc un patrimoine net comme la différence entre le patrimoine brut, les actifs, et les dettes, les passifs. Si un revenu ne peut pas être négatif, le patrimoine net peut l'être. C'est le cas quand on a plus de dettes que de biens ou créances à son actif. Ce pourrait être le cas de certains étudiants aux États-Unis et dans une moindre mesure en France qui ont financé des études par un prêt. Ils sont redevables d'une dette sans le plus souvent disposer d'un patrimoine brut. En réalité ce n'est pas tout à fait exact. En effet leurs études leur permettent d'accumuler un capital de connaissances et de compétences qui les fera bénéficier d'un revenu supérieur à celui qu'ils auraient perçu sans avoir fait d'études supérieures. C'est d'ailleurs la raison qui conduit les banques à leur consentir un prêt. Ces personnes disposent d'un patrimoine humain vivant mais qui n'est pas comptabilisé comme patrimoine économique dans la comptabilité nationale. Mais il existe des cas de patrimoines nets négatifs, notamment dans le cas de sociétés.

C'est dire que la notion de patrimoine peut être plus ou moins extensive. Par exemple on peut inclure dans le patrimoine des ménages les droits à la retraite qui sont déjà acquis. On pourrait même y inclure les obligations que la collectivité se reconnait envers les personnes démunies, sous la forme des minima sociaux. Il faudrait alors inclure ces droits dans la dette publique, au passif de l'état. Ce n'est en général pas le cas. A un niveau plus agrégé, ces droits et ces obligations se compensent, ce qui peut justifier qu'ils ne soient pas pris en compte.

Les données de patrimoine sont fournies par la comptabilité nationale. Elles correspondent au patrimoine dans un sens économique restreint du terme, mais y sont inclus les droits de retraite. Ces données sont collectées depuis plus récemment que les données de revenu qui sont un élément constitutif de la comptabilité nationale depuis ses débuts. Toutes ces données sont agrégées et ne donnent pas d'indication sur la répartition des grandeurs mais elles en constituent le socle. Les données de patrimoine sont d'ailleurs plus difficiles à collecter puisqu'il n'y a pas de dispositifs administratifs comme pour les revenus, avec les déclarations annuelles de salaires par les entreprises ou les déclarations de revenu par les ménages, qui constituent une première source d'information. Ainsi l'impôt de solidarité sur la fortune ou l'impôt sur la fortune immobilière fournissent une information mais ne concernent pas tous les patrimoines. Par ailleurs les possibilités d'erreur ou d'oubli, voire de fraude, sont aussi plus importantes, surtout pour les patrimoines financiers. La ventilation des patrimoines selon les ménages est encore plus difficile.

1 Les patrimoines : combien, quoi, qui ?

En 2019, selon les comptes de patrimoine de la Comptabilité Nationale, les ménages français détenaient un actif patrimonial brut de 14155 milliards € dont on doit déduire la dette de 1732 milliards € pour obtenir le patrimoine net (valeur nette) de 12423 milliards €. Par comparaison le revenu disponible brut des ménages était de 1474 milliards € en 2019.

Les autres agents économiques sont aussi détenteurs d'actifs et de passifs patrimoniaux. En 2019 les sociétés non financières ont un actif net de 2955 milliards €, les sociétés financières de 578 milliards €. Les collectivités publiques, état, collectivités territoriales et organismes de sécurité sociale, ont un patrimoine de 328 milliards €. Le reste du monde a un actif net en France négatif de 126 milliards €. Sur les 14185 milliards € de patrimoine français, ce sont donc les ménages qui en détiennent la plus grande part, 76%.

La partie du patrimoine qui est publique appartient à tous les Français. Il en est de même alors de la dette publique qui est due par l'ensemble des Français. Si on définit un ratio dette publique/PIB comme dans les accords de Maastricht, c'est bien parce que tous les Français sont redevables collectivement de cette dette. Dans ces conditions, il faudrait mettre aussi à leur actif le patrimoine public. Mais le solde du patrimoine public est la différence entre un important actif et un important passif qui représente la dette publique et qui, toutes administrations publiques confondues, s'élève à plus de 3300 mds €. Le solde positif du patrimoine public est lui-même la somme d'un solde négatif des administrations centrales, dont l'État, et d'un solde positif d'un montant légèrement supérieur des collectivités territoriales et de la sécurité sociale. Au total l'actif public net total est modeste, de quelques 330 milliards €.

Si l'on examine de manière plus détaillée la situation patrimoniale des ménages, les actifs financiers comptent pour 40%, le reste, 60%, étant constituée d'actifs non financiers ou réels, essentiellement de l'immobilier. Plus précisément, dans ces actifs non financiers les constructions comptent pour à peu près le même pourcentage que les terrains. Dans les actifs financiers, la répartition est à peu près équilibrée entre le numéraire et les dépôts (27% des actifs financiers), les actions (29%), et les systèmes de retraite (38%).

On dispose de données sur la répartition des patrimoines entre les ménages par l'enquête Histoire de vie et patrimoine (HVP) qui est une enquête déclarative. Notons d'abord que les données obtenues par l'enquête sous-estiment les montants des patrimoines tels qu'elles ressortent de la Comptabilité Nationale. Selon l'INSEE, « la sous-estimation est particulièrement forte pour certains actifs financiers et résulte vraisemblablement d'une sous-déclaration de certaines composantes de ce patrimoine par les ménages. Les actifs et passifs doivent par exemple être valorisés à leur valeur de marché par les ménages, or ces derniers peuvent avoir une difficulté à estimer cette valeur de marché s'ils n'ont pas l'intention de céder l'actif considéré. En 2017, le total des actifs financiers mesuré par l'enquête HVP représente 31 % du total mesuré par la Comptabilité nationale et ce taux de couverture atteint 75 % pour les actifs non financiers »[32]. On doit en conclure qu'il reste une large part d'incertitude.

Du point de vue de la répartition entre les ménages, le patrimoine est croissant avec l'âge et ce jusque 70 ans. Plus on avance en âge plus on a eu l'occasion de se constituer un patrimoine, par épargne, par investissement ou par héritage et legs. Vers la fin de la vie les patrimoines diminuent légèrement sous l'effet des transmissions vers les générations plus jeunes.

Du point de vue des catégories socioprofessionnelles, ce sont les agriculteurs qui possèdent les plus gros patrimoines, 920200 € en 2015, soit un tiers de plus que la CPS suivante, celle des professions libérales à 615100 €[33]. Ceci relativise les appréciations sur la situation économique difficile des agriculteurs en termes de revenu. En réalité ils consacrent une part significative de leur revenu brut à rembourser des prêts qui leur permettent de se constituer un patrimoine important mais qui leur laisse un faible revenu net.

Les autres professions bien dotées en patrimoine sont les professions indépendantes, artisans, commerçants, chefs

---

[32] Marie-Cécile Cazenave-Lacrouts, David Guillas, Guillaume Lebrault, Bénédicte Mordier, « 10% des ménages détiennent près de la moitié du patrimoine total », Insee Focus n°176, 19/12/2019. https://www.insee.fr/fr/statistiques/4265758

[33] Les revenus et le patrimoine des ménages, collection « Insee Références », édition 2018, https://www.insee.fr/fr/statistiques/3549502

d'entreprise, professions libérales dont une part du patrimoine est à finalité professionnelle. Viennent ensuite les cadres.

Par ménage, le patrimoine moyen net est de 239900 € début 2018. Le patrimoine médian qui sépare la population en deux, 50% ayant plus et 50% moins, est de 163100 €. L'écart important entre la moyenne et la médiane révèle que la courbe représentant la distribution des patrimoines est étalée vers la droite, qui correspond aux hauts patrimoines, sachant que la moyenne est plus sensible aux valeurs extrêmes que la médiane. De fait, la part des 50% les mieux dotés représente 92% du patrimoine total. Les 10% des ménages les plus riches détiennent un patrimoine de 535000 € en 2015, alors que les 10% les moins riches n'ont qu'un patrimoine de 3000 €.

Au total les patrimoines sont très concentrés dans les mains d'un nombre réduit de ménages. L'indice de Gini est de 0,637 pour les patrimoines bruts alors qu'il est de 0,288 pour les niveaux de vie. Rappelons que plus l'indice est proche de zéro plus la distribution est égalitaire. Cela se manifeste aussi dans une courbe de concentration qui est d'autant plus éloignée de la diagonale que la distribution est plus inégalitaire (cf. graphique suivant). En fait on peut construire deux courbes de concentration selon que l'on classe les ménages selon leur revenu ou selon leur patrimoine. La seconde montre une plus grande concentration que la première. Ceci résulte du fait que, par exemple, certains ménages à revenu modeste peuvent disposer d'un certain patrimoine. Ce peut être par exemple une personne vivant d'une pension de réversion modeste mais propriétaire d'un logement d'une certaine valeur. D'autres personnes à revenu plus élevé peuvent n'avoir qu'un patrimoine limité, mais disposer d'un revenu conséquent, comme un jeune cadre n'ayant pas encore constitué de patrimoine ni hérité.

Graphique 12 : Concentration des patrimoines nets en 2015

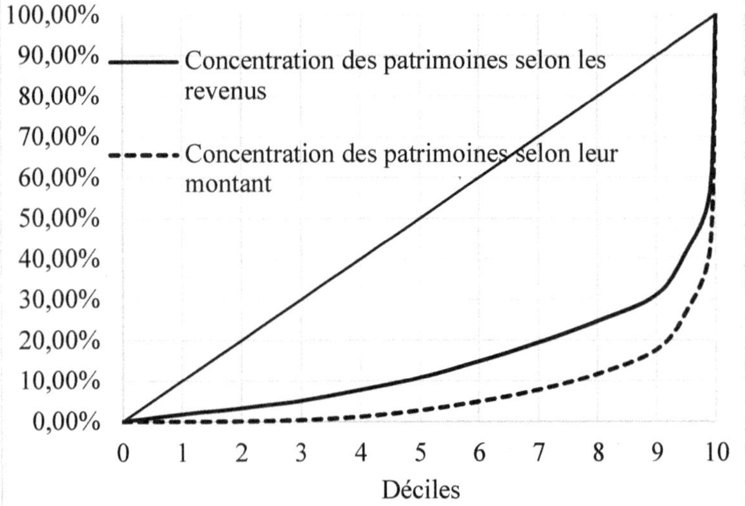

Source : données INSEE

Notons encore que le patrimoine financier est beaucoup plus concentré que le patrimoine immobilier. Les 5% les mieux dotés en patrimoine immobilier en détiennent 28% du total, tandis que les 5% les mieux dotés en patrimoine financier en détiennent 54% du total. Cette répartition de la richesse selon sa nature se manifeste aussi dans les caractéristiques des plus riches.

2 Qui sont les plus riches ?

Une petite fraction des ménages détient la plus grande part des patrimoines. Dans les données de l'INSEE, le 1% des ménages les plus riches détient près de 60% du patrimoine total. De fait certains ménages sont très riches. Les chiffres de leurs patrimoines, qui sont cités dans les médias, où ils sont alors appelés « fortunes », sont très largement supérieurs à ceux issus des statistiques de patrimoine qui viennent d'être cités. Toujours selon l'INSEE, les 10% des plus riches disposent de plus de 535000€ de patrimoine net alors que la première fortune française serait de 60 milliards € selon les classements des médias. Elle correspond à environ 100 mille fois le patrimoine des 10% les plus riches. La seconde serait de 35 mds €, la troisième de 23 mds. Ces patrimoines sont constitués en majeure partie de titres de propriété d'entreprises, dont une partie correspond à des actifs situés à l'étranger.

Ces chiffres des patrimoines individuels qui ne sont pas validés par des instituts de statistiques sont à prendre avec précaution. On a vu que les données sur la répartition qui sont obtenues sur une base déclarative sous-estiment le montant total des patrimoines. Le problème se complique quand les patrimoines sont attribués à des « familles », notion qui ne correspond pas nécessairement à une entité fiscale, le foyer fiscal, ou à une personne morale ou physique.

Les grosses fortunes sont majoritairement constituées d'actifs financiers, c'est-à-dire des participations dans des entreprises, souvent logées dans des structures juridiques multiples, enchevêtrées, dont chacune peut disposer d'un actif et être grevée d'un passif, ce qui rend la connaissance de la situation nette finale des actionnaires difficile à évaluer.

Tableau 5 : Classement des 10 premières fortunes françaises en 2019 selon le magazine Challenges

Rang	Nom	Patrimoine	Société
1	Bernard Arnault et sa famille	88 286 M€	LVMH
2	Alain Wertheimer et Gérard Wertheimer ainsi que leur famille	50 000 M€	CHANEL
3	Françoise Bettencourt-Meyers et sa famille	45 800 M€	L'OREAL
4	Famille Hermès	43 000 M€	HERMES INTERNATIONAL
5	Gérard Mulliez et sa famille	32 000 M€	GROUPE MULLIEZ
6	François Pinault et sa famille	29 000 M€	KERING
7	Laurent, Olivier, Marie-Hélène & Thierry Dassault	23 000 M€	GROUPE INDUSTRIEL MARCEL DASSAULT
8	Pierre Castel et sa famille	14 000 M€	CASTEL FRERES
9	Emmanuel Besnier et sa famille	12 000 M€	LACTALIS
10	Patrick Drahi	9 000 M€	ALTICE

Tableau 6 : Classement des 10 premières fortunes mondiales selon le magazine Fortune pour 2019

Rang	Nom	Patrimoine	Entreprise ou secteur d'activité
1	Jeff Bezos	$131 Mds	Amazon
2	Bill Gates	$96,5 Mds	Microsoft
3	Warren Buffett	$82,5 Mds	Finance
4	Bernard Arnault (et sa famille)	$76 Mds	LVMH
5	Carlos Slim Helú (et sa famille)	$64 Mds	Telecom et autres
6	Amancio Ortega	$62,7 Mds	Zara
7	Larry Ellisson	$62,5 Mds	Oracle
8	Mark Zuckerberg	$62,3 Mds	Facebook
9	Michael Bloomberg	$55,5 Mds	Finance
10	Larry Page	$50,8 Mds	Google

Dans le cas de la France comme dans le cas du monde entier, les « fortunes » apparaissent comme la détention d'entreprises et souvent majoritairement d'une seule ou d'un groupe. En France les 10 plus riches, sauf le 10ème, doivent leur fortune à des activités traditionnelles, c'est-à-dire en dehors de l'économie numérique. Au niveau mondial, sur les 10 premiers, 4 doivent leur fortune à l'économie numérique c'est-à-dire à des activités apparues récemment. Le nombre monte à 5 si on y inclut Jeff Bezos avec Amazon qui pratique une activité plus traditionnelle sous la forme de la vente à distance. Par ailleurs notons que les richesses générées par les industries extractives, pétrole ou autres, ne font apparaître aucune fortune en tête de classement. Quant à la propriété des terres agricoles françaises, leur valeur détenue par l'ensemble des ménages représente 170 mds €. On est très loin des richesses détenues en immobilier bâti ou des richesses financières.

Notons aussi que la grande majorité des plus riches au niveau mondial ont créé l'entreprise, voire l'activité, qui a fait leur fortune. Ils n'en ont pas hérité. L'accumulation intergénérationnelle n'est donc qu'une des formes de la constitution des fortunes les plus élevées. Enfin le tableau des fortunes mondiales ne fait apparaître aucun russe ni aucun chinois dont on sait que certains d'entre eux détiennent des fortunes considérables.

3 Qu'est ce qui fait les valeurs patrimoniales ?

Étymologiquement le patrimoine signifie ce qui vient du père. Dans le langage courant[34], il fait référence à ce qui reste du passé (les journées du patrimoine) ou ce qui nous est donné par la nature (le patrimoine naturel) ou ce qui est transmis (patrimoine économique ou patrimoine génétique). C'est donc quelque chose que l'on reçoit, par héritage, par donation ou par don de la nature sans nécessairement avoir contribué à sa constitution. On peut ensuite le transmettre.

Du point de vue économique, c'est sensiblement différent. Économiquement, un patrimoine est quelque chose qui peut rapporter de l'argent dans le futur ; c'est une créance sur le futur. Sa valeur est celle de cette créance. Plus précisément,

---

[34] Selon le dictionnaire Larousse, c'est ce qui est considéré comme un bien propre, une richesse : Son patrimoine, c'est son intelligence. Ce qui est considéré comme l'héritage commun d'un groupe : Le patrimoine culturel d'un pays. Ensemble des biens, droits et obligations ayant une valeur économique dont une personne peut être titulaire ou tenue.

la valeur d'un actif patrimonial est la somme des revenus futurs actualisés ou capitalisés qu'il peut générer. La formulation économique précise est celle de la Valeur Actualisée Nette, la VAN. Ces revenus, étant futurs, doivent être anticipées ; ils sont donc hypothétiques et incertains. Le patrimoine a donc une valeur très largement virtuelle. Elle ne devient effective que lorsqu'il y a cession et conversion de l'actif en liquidités.

Le fait que la valeur d'un actif est égale, sous certaines hypothèses, à la somme de ses revenus futurs actualisés correspond à l'idée économique, au sens trivial du terme, qu'il ne faut pas acheter un actif plus cher que ce qu'il pourra rapporter. Si le marché des actifs est suffisamment concurrentiel, les arbitrages des investisseurs aboutissent à ce que le prix soit juste égal à la somme des revenus futurs actualisés. Sous les hypothèses simplificatrices que les revenus croissent comme l'inflation, la valeur d'un actif est égale à son revenu divisé par le taux d'actualisation qui est aussi son taux de rendement réel, c'est-à-dire inflation déduite : $V = R/i$.

Cette équation est non seulement une équation comptable mais est aussi une équation fonctionnelle dans le sens où ce sont R et i qui déterminent la valeur actuelle et non l'inverse selon l'opinion courante. La valeur patrimoniale est donc croissante avec les revenus futurs anticipés mais décroissante quand le taux d'intérêt croît. Autrement dit le prix des actifs varie en fonction inverse des taux. Ce mode de détermination vaut pour tous les actifs. Il exprime aussi que tous les actifs doivent avoir le même taux de rendement au risque près. On peut en effet écrire aussi l'égalité sous la forme $i = R/V$, qui exprime que le taux de rendement de tous les actifs patrimoniaux s'égalise sur le taux d'intérêt, toujours au risque près. Cette égalité est alors une équation d'arbitrage qui exprime la tendance à l'égalisation des rendements des actifs par achat des actifs les plus rentables et la vente des moins rentables. Ce mécanisme de marché agit sur les prix des actifs, la vente les faisant baisser et l'achat augmenter.

Si l'on prend en considération le risque, en admettant que les investisseurs ont plutôt de l'aversion pour le risque, les investissements plus risqués doivent rapporter plus que ceux moins risqués ou *a fortiori* ceux sans risque. Le rendement des actifs risqués doit donc incorporer une prime de risque.

Dans le calcul de la Valeur Actualisée Nette intervient le mécanisme de l'actualisation qui s'exprime dans le taux i. Ce mécanisme consiste à transformer des revenus futurs en valeurs actuelles. En effet il n'est pas équivalent de recevoir 100 € maintenant ou dans un an. Il est habituel de considérer que l'on préfère recevoir la somme tout de suite. Autrement dit on est prêt à percevoir moins que 100€ maintenant plutôt que les 100€ plus tard. C'est une préférence personnelle assez communément partagée qui est appelée préférence pour le présent. Au niveau du marché financier, la majoration que l'on attend du fait d'un délai de perception des 100 € prend la forme du taux d'actualisation qui est le taux d'intérêt. Cette majoration est celle que l'on obtient effectivement en plaçant les 100 € comme épargne. C'est le prix du temps. L'actualisation est donc l'inverse de la capitalisation des intérêts. En régime concurrentiel, le taux d'intérêt, qui correspond au taux d'actualisation, est aussi le taux d'équilibre du marché du crédit, où les crédits égalisent les dépôts.

Comme pour n'importe quel bien, il existe deux appréciations du prix du temps, d'une part, le prix du marché qui est le taux d'intérêt objectif et, d'autre part, le taux d'intérêt subjectif qui est le prix du temps tel que chacun peut l'apprécier. On conçoit que lorsque le prix du marché est supérieur au prix subjectif d'un individu, cela signifie que ce dernier préfère moins le présent que le marché. S'il dispose d'une épargne il sera donc plutôt disposé à prêter ou investir. Inversement s'il préfère davantage le présent que le marché, il sera plutôt disposé à emprunter.

En définitive les valeurs des actifs dépendent du revenu futur et du taux d'actualisation. Le taux d'actualisation est le taux de rendement des placements alternatifs. C'est le même pour tous les actifs et une variation de ce taux affecte tous les actifs de la même manière. En revanche les revenus futurs dépendent de l'actif ou des actifs considérés. Ainsi les perspectives de revenu d'un bien immobilier ne sont pas les mêmes que celles d'une start-up de l'économie numérique. Par définition ces revenus futurs ne sont pas observables. Ils doivent être prévus ou anticipés comme disent les économistes. Les prévisions sont sujettes à incertitude qui définit le risque de l'actif. Par ailleurs les revenus futurs faisant l'objet d'une prévision, celle-ci est sujette à révision ce qui va impacter la valeur patrimoniale.

4 Capital et patrimoine

Dans le langage courant on utilise souvent de manière indifférenciée les termes de patrimoine et de capital. Or ce sont des notions économiques différentes. Rappelons d'abord que les patrimoines sont constitués d'actifs mais éventuellement de passifs, de dettes. On confronte donc ici les notions d'actif patrimonial à celle de capital.

Un actif patrimonial est ce que l'on peut détenir et qui peut rapporter de l'argent, quel que soient son origine ou sa nature. Le capital est un bien corporel ou incorporel produit qui sert à produire d'autres biens ou des services. Il a un coût de production et il s'amortit dans le temps, dans la mesure où il s'use et devient obsolète.

Beaucoup de biens constituent à la fois du capital et du patrimoine. C'est le cas des bâtiments quand ils ne sont pas vacants, des machines, des logiciels, des brevets, etc. Un bien capital a normalement vocation à devenir un actif patrimonial si l'investissement qu'il représente a été effectué assez judicieusement pour produire un revenu. On pourrait dire que tout le talent du « capitaliste » est de transformer du capital en patrimoine. Dans ce cas la valeur actualisée nette est supérieure au coût de l'investissement. L'écart, quand il est positif, entre la capitalisation du revenu futur et le coût de production du capital constitue une survaleur ou *goodwill*. C'est la situation patrimoniale normale des entreprises. Quand la situation est inverse les détenteurs de l'entreprise ont intérêt à vendre les éléments constitutifs de son capital.

Concrètement la différence entre les deux concepts de capital et de patrimoine apparaît de la manière la plus manifeste quand on considère le patrimoine immobilier. Un bien immobilier est constitué d'une partie bâtie et du terrain sur lequel il est construit. La partie bâtiment est un élément de capital puisqu'il a été produit et s'amortit. C'est aussi le plus souvent un élément de patrimoine car son utilisation peut rapporter de l'argent. La partie foncière est un élément de patrimoine parce qu'on en a besoin pour construire et qu'on peut la louer ou la vendre. Mais ce n'est pas du capital parce qu'on ne produit pas du foncier et qu'il ne s'amortit pas non plus. Ceci dit, un bien immobilier vacant et qui n'a pas de perspective de trouver preneur a une valeur patrimoniale nulle quel que soit le bâti.

Dans ces conditions, le mode de formation des valeurs patrimoniales est différent de celui du capital. Le capital a un coût de production sur lequel s'aligne sa valeur en y incluant une marge. Cette valeur diminue au cours du temps avec l'usure et l'obsolescence du bien. Les machines ont rarement une durée de vie supérieure à 7 ans, les bâtiments davantage. Il faut donc les renouveler si l'on veut continuer à produire.

Un actif patrimonial n'a d'autre valeur que celle qu'il peut générer. C'est une valeur qui vient du futur, plus précisément des revenus futurs. Tant qu'un bien peut générer un revenu, il a une valeur patrimoniale. Un bien qui n'a pas eu de coût de production mais que l'on peut s'approprier et qui peut générer un revenu a également une valeur patrimoniale. Un bien qui a été produit avec un coût mais qui n'est pas susceptible de rapporter un revenu à une échéance raisonnable n'a pas de valeur patrimoniale. Toute la difficulté de l'investisseur est précisément de transformer un capital, c'est-à-dire des dépenses de biens et services, en du patrimoine qui générera des revenus cumulés supérieurs au capital investi.

Dans son ouvrage « Le capital au 21ème siècle » Piketty assimile délibérément capital et patrimoine. Il s'en explique en arguant que la distinction statistique est difficile. Il prend l'exemple des terres agricoles où l'estimation de la contribution des fumures à la valeur des sols est délicate. Pour autant, la distinction entre actifs produits et actifs non produits (non financiers) non seulement peut être effectuée mais elle structure même la présentation des comptes de patrimoine de l'INSEE. C'est le cas notamment pour l'immobilier bâti dont les comptables nationaux donnent une valeur distincte pour le terrain nu, élément de patrimoine mais non de capital, et pour la construction, à la fois élément de patrimoine et de capital. En assimilant patrimoine à capital, Piketty ne retient comme mode de formation de la valeur des richesses que celles relevant du capital c'est-à-dire relevant de l'accumulation passée. Ce faisant il évacue la détermination des prix des valeurs patrimoniales par la valeur actualisée nette qui consiste en une accumulation des revenus futurs. Cela lui permet d'imputer au capital les survaleurs par rapport aux coûts de production qui résulteraient du prélèvement par les détenteurs du capital d'une plus grande part du produit national. Cela occulte le fait que ces survaleurs sont imputables à des revenus futurs ou à des variations du taux d'actualisation. Bref il évacue l'explication correcte de l'accroissement des patrimoines pour y exposer un point de vue inexact.

5 L'accroissement des patrimoines

Depuis le début des années 2000, le patrimoine des ménages s'est considérablement accru (graphique suivant). Il a plus que doublé entre 1998 et 2007 avant la contraction de 2008-2009 suivie par un retour au niveau antérieur puis par une croissance ralentie à partir de 2010. Entre 1997 et 2017 il a presque triplé. Sur la même période le revenu disponible brut des ménages connaissait une croissance modérée mais régulière. Les deux évolutions sont donc discordantes et il est peu vraisemblable que celle du patrimoine s'explique principalement par celle des revenus.

Graphique 13 : Patrimoine et revenu annuel des ménages (mds €)

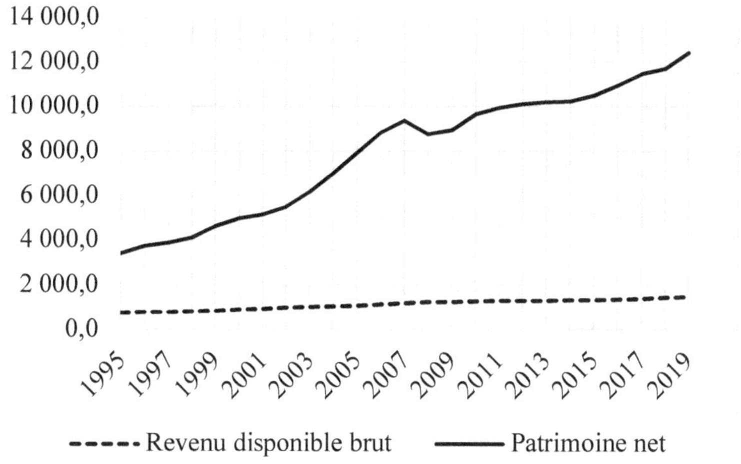

Source : données INSEE

On s'engage dans la recherche de l'explication de cette croissance en observant d'abord quelle composante du patrimoine est responsable de la valorisation de l'ensemble. Ce sont en premier lieu les actifs non financiers, essentiellement immobiliers, dont la valeur a le plus crû (graphique suivant). Ils sont passés de 55% du total des actifs en 1995 à 59% en 2017. Il faut toutefois nuancer cette observation en notant que cette croissance s'est accompagnée d'un endettement croissant des ménages sous forme de passifs financiers qui a contribué en partie à assurer le financement de ces actifs. Mais cet endettement représente quasiment le même pourcentage de la valeur de l'ensemble des actifs des ménages.

Graphique 14 : Patrimoine des ménages selon la nature des actifs (mds €)

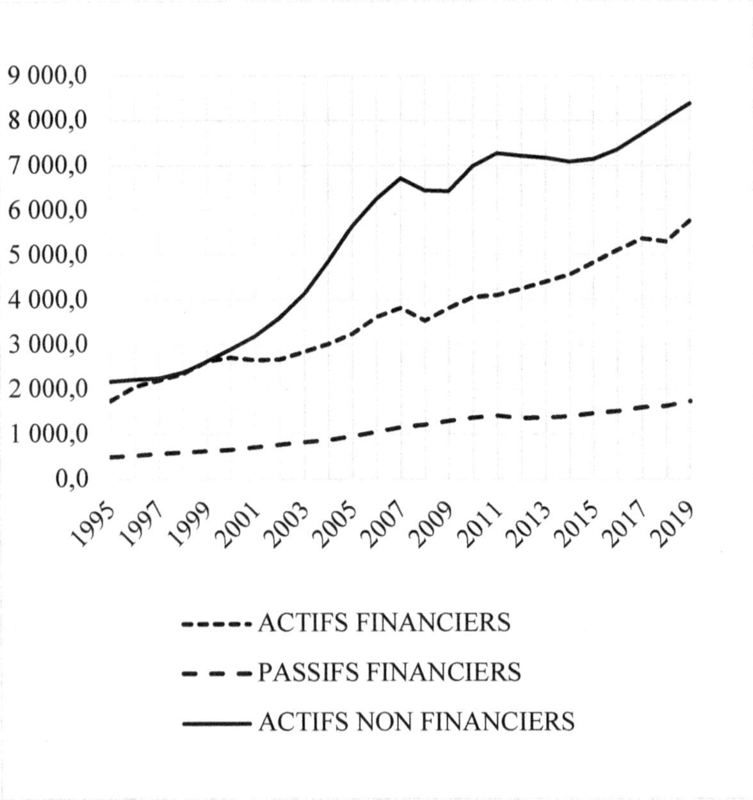

Source : données INSEE

En second lieu le patrimoine s'est accru sous l'effet de la valorisation des actifs financiers, mais dans une moindre proportion que pour les actifs non financiers si bien que le poids des premiers s'est légèrement réduit depuis 1995, passant de 45% du total des actifs à 41% en 2019. On peut différencier les actifs financiers selon leur nature qui offre des perspectives de valorisation différentes. Les actifs que constitue le système d'assurances et de pension ont connu une croissance régulière sur toute la période pour devenir la composante principale des actifs financiers (15% des actifs en 2019 contre 10% en 1995). Cette évolution résulte assez peu d'un choix des ménages dans la mesure où ces systèmes sont assez largement réglementés. On peut d'ailleurs douter que les ménages pensent à ces actifs quand ils considèrent le montant de leur patrimoine.

Les autres actifs financiers, c'est-à-dire les actions et les parts de fonds d'investissement ont connu une évolution parallèle à la masse des actifs en se maintenant à 12% du total du patrimoine, avec une évolution régulière depuis 2008 mais plus volatile avant cette date. Ce sont les liquidités et les dépôts qui ont vu leur part décroître passant de 17% des actifs à 11%.

Les actifs qui se sont le plus valorisés sont donc les actifs non financiers et parmi eux les actifs immobiliers auxquels on s'intéresse plus particulièrement maintenant.

6 Le cas du patrimoine immobilier

Les actifs immobiliers sont ventilés en deux composantes dans les comptes de patrimoine qui distinguent la partie produite des biens, les bâtiments, et la partie non produite, les terrains sous-jacents. Les ménages sont aussi propriétaires de terrains non bâtis utilisés à des fins agricoles ou de loisirs mais pour un montant minime par rapport au reste de leur patrimoine. En fait, les actifs immobiliers sont la composante des patrimoines qui a le plus crû. Elle a été multipliée par un facteur de près de 3,4. Leur poids dans le total des actifs est passé de 49% en 1995 à 54% en 2017.

Comme pour tout actif, l'accroissement de valeur les actifs immobiliers résulte de l'évolution des prix et des volumes. Selon, l'INSEE entre 1998 et 2015, « le patrimoine immobilier moyen a augmenté de 133 %, essentiellement sur la période 1998-2010 (+ 50 % tous les six ans). La masse de patrimoine immobilier a augmenté de 156 % entre 1998 et 2010, principalement en raison de la valorisation des logements anciens (contribution de 102 points à la croissance du patrimoine immobilier), et dans une moindre mesure de la contribution des constructions neuves durant cette période (contribution de 38 points), le reste étant dû à la hausse des prix des logements neufs (contribution de 16 points) »[35].

En résumé, sur la période considérée par l'INSEE, l'accroissement en valeur du patrimoine immobilier est imputable pour les ¾ à l'augmentation du prix des biens, neufs et anciens, et pour ¼ à l'accroissement du volume du stock par la construction. C'est donc majoritairement un effet prix qui est responsable de l'accroissement de valeur du patrimoine immobilier. Concrètement, au début des années 2000, un propriétaire de logement avait un bien dont la valeur moyenne était de l'ordre de 100000€. Vingt ans plus tard, le même logement a une valeur moyenne qui a doublé. Cet accroissement s'est opéré sans investissement majeur, c'est-à-dire sans accroissement des volumes.

Les données des comptes nationaux montrent que c'est la composante foncière, c'est-à-dire la partie non produite des biens, celle qui n'est pas du capital, qui a absorbé l'essentiel de la hausse des prix immobiliers, de telle sorte que le poids

---

[35] Lamarche et Salembier, Revenu et patrimoine des ménages, Vue d'ensemble, INSEE Références édition 2018.

du foncier est passé de 16% à 46% entre 1995 et 2019. Le bâti qui constitue du capital se revalorise comme l'indice du coût de la construction.

Donc l'accroissement du patrimoine immobilier résulte d'un effet prix, ce que l'observation courante confirme. Reste à déterminer d'où provient cette hausse des prix. En particulier est-elle imputable à un prélèvement plus important sur la valeur produite par les logements, à savoir la valeur locative sous forme des loyers, effectifs ou imputés[36] ? L'observation de l'évolution du prix des loyers (cf. graphique 1, page 13) montre que cela n'est pas le cas. Le prix des loyers a suivi l'inflation, ou, exprimé autrement, l'évolution du prix des loyers inflation déduite est plate. L'accroissement de valeur ne résulte donc pas non plus d'un accroissement des loyers, c'est-à-dire d'un prélèvement plus important sur la richesse produite.

L'accroissement de prix des biens immobiliers a augmenté l'écart des patrimoines entre les détenteurs d'un bien immobilier et ceux qui n'en ont pas. Les inégalités de patrimoine ont augmenté sans qu'un accroissement des inégalités de revenu en soit à l'origine. Inversement l'accroissement de ces valeurs patrimoniales n'a aucunement contribué à celui des revenus qu'ils engendrent. Il y a donc un autre phénomène à l'origine de cette augmentation des valeurs patrimoniales. Ce phénomène joue aussi pour les autres actifs. L'analyse en termes de prélèvement croissant sur la richesse produite

[36] Les loyers imputés sont les loyers que se paient à eux-mêmes les propriétaires occupants de leur logement. Ils sont comptabilisés et inclus dans le PIB, le produit intérieur brut. Par cohérence comptable ils sont également inclus dans les dépenses de consommation de logement.

pour expliquer l'accentuation des inégalités de patrimoine est invalidée par l'observation du patrimoine immobilier.

On peut noter également que la flambée des prix des biens immobiliers est un phénomène général, peu différencié. Ceci fait que la dispersion des prix des biens immobiliers a peu évolué. Donc les inégalités de patrimoine parmi les détenteurs de patrimoine immobilier se sont peu accentuées.

Le fait marquant des 20 dernières années est la distorsion entre les revenus et les prix des actifs. L'explication de cette distorsion se trouve dans le mécanisme de détermination des prix des actifs. Dans son expression la plus simple, il est égal au revenu divisé par le taux d'intérêt qui est son taux de rendement, au risque près. Comme ce n'est pas le revenu qui a augmenté, c'est le taux d'actualisation qui a diminué. C'est un phénomène que l'on observe sans recourir aux statistiques. Ce sont donc des facteurs financiers qui sont principalement à l'origine de la hausse du prix des actifs. C'est l'analyse que l'on développe dans le chapitre suivant.

Chapitre 6 Les inégalités de patrimoine et leurs déterminants

Rappelons la question. On a observé une revalorisation massive de certaines composantes des patrimoines depuis les années 2000, en particulier des actifs immobiliers. A quoi est imputable cette revalorisation ? Certains, comme Piketty, l'imputent à un prélèvement plus important sur la richesse produite. Dans le cas de l'immobilier on a vu que ni l'accumulation de nouveaux biens immobiliers ni l'évolution du prix des loyers ne pouvaient expliquer seules cette revalorisation.

Globalement il y a une disproportion entre l'évolution de la valeur de certains actifs patrimoniaux, qui a pour le moins doublé, et l'évolution de toutes les variables envisagées jusqu'ici. Il faut donc maintenant chercher d'autres facteurs explicatifs, en se tournant vers les facteurs identifiés dans la théorie économique, c'est-à-dire les facteurs financiers et les revenus futurs.

1 La valorisation des patrimoines est largement imputable à des facteurs financiers

Commençons par les actifs immobiliers. On a vu que leur valorisation résultait principalement d'un effet prix et dans une moindre mesure d'un accroissement des volumes consistant en de la construction neuve et des travaux. Cet effet prix n'est pas dû à un prélèvement plus important sous la forme des loyers dont l'évolution est restée voisine de l'inflation depuis les années 2000.

Pour identifier l'origine de la hausse de prix immobiliers, on revient à l'expression théorique de la détermination des valeurs patrimoniales : V = R/i, où V est la valeur de l'actif, R le revenu qu'il génère et i le taux d'actualisation ou d'intérêt. Comme l'évolution des revenus du patrimoine, en l'occurrence les loyers, ne permet pas d'expliquer l'évolution des valeurs patrimoniales de l'immobilier, on se tourne vers l'autre facteur, le taux d'actualisation. Or il est de notoriété publique que les taux de toute nature ont fortement diminué depuis la fin des années 90. Les taux des prêts immobiliers en sont une parfaite illustration. C'est ce que montre le graphique suivant. Le doublement des prix immobiliers depuis 20 ans par rapport à celui des loyers s'explique par l'évolution du taux de rendement des actifs. Mécaniquement une baisse des taux entraîne une hausse des prix des biens. Une division des taux par 2 entraîne un doublement du prix des actifs. C'est donc le coefficient de transformation des revenus futurs en valeur actuelle qui est le premier responsable de l'évolution des prix immobiliers.

Graphique 15 : Prix des logements et des loyers et taux des prêts

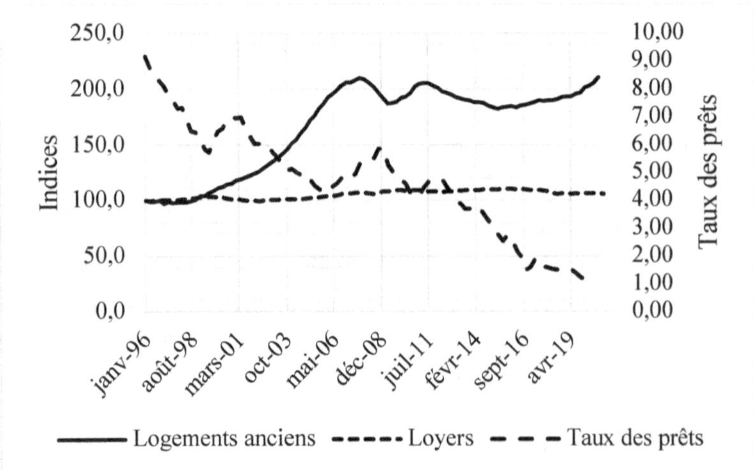

Source : données INSEE

Les conditions financières des crédits, dont font partie les taux d'intérêt, jouent sur un autre rôle dans la valeur des patrimoines, à savoir la capacité d'endettement pour l'acquisition d'un actif. Cet aspect est bien documenté en ce qui concerne l'endettement immobilier[37]. La baisse des taux d'intérêt et l'allongement de la durée des prêts ont permis aux ménages d'emprunter deux fois plus en gardant à peu près constant le ratio mensualités/revenu, le taux d'effort. En dépensant la même proportion de leur revenu pour leur acquisition immobilière ils ont pu emprunter deux fois plus. Ils se présentent alors sur le marché avec une capacité à payer deux fois plus élevée, ce qui contribue à l'augmentation des prix.

Il faut noter que le doublement de la capacité d'endettement permet le doublement des prix à l'acquisition. Mais les acquisitions ne concernent qu'une part restreinte du parc de logements, moins de 3% par an, alors que les prix de ces logements acquis sont imputés à l'ensemble du stock. Autrement dit il ne faut qu'une action limitée à une fraction du parc pour impacter la valeur de l'ensemble. Par conséquent le coût monétaire de la valorisation des actifs qui est celui des achats de biens est donc bien inférieur à la revalorisation de l'ensemble du parc. Ceci exprime le fait que les valeurs patrimoniales sont essentiellement virtuelles. Elles ne se monétisent que lors d'une transaction.

Cet effet de la baisse du taux d'actualisation sur le prix des actifs ne joue pas seulement sur les actifs immobiliers mais aussi sur la majeure partie des actifs. Il ne joue cependant

[37] Voir l'enquête annuelle du secrétariat général de l'ACPR, l'autorité de contrôle prudentiel et de résolution.

pas sur les liquidités et les dépôts. Il joue peu sur les valeurs à revenu fixe, les obligations, dont le cours varie bien en fonction inverse des taux, mais sont toujours, sauf défaillance de l'emprunteur, remboursées à l'échéance à leur valeur nominale, ce qui fait que leur cours converge vers leur montant nominal.

Pour les autres actifs les variations du taux d'actualisation jouent dans les mêmes proportions sur le prix des actifs constitutifs d'autres droits de propriétés, c'est-à-dire ceux sur les entreprises, sous la forme des actions et équivalents. Un droit de propriété garantit sans limitation de durée la perception des revenus de la propriété, ces revenus étant incertains. Dans ces conditions la même cause produit le même effet. La baisse des taux d'intérêt a conduit à un renchérissement du prix des actions. L'incidence de ce mécanisme est toutefois moins lisible que sur les actifs immobiliers à cause des revenus, les dividendes, qui constituent l'autre facteur d'évolution. En effet, à la différence de l'immobilier où le marché de l'usage des biens est stable et conduit à une faible volatilité des loyers, le revenu des actions qui dépend des résultats des entreprises est beaucoup plus volatil. Il l'est d'autant plus que ce n'est pas seulement le revenu courant qui est pris en considération mais les revenus futurs. Étant anticipés ils sont sujets à des erreurs d'anticipation et à des corrections plus ou moins radicales. On le constate dans l'évolution comparée du prix des logements et de l'indice du prix des principales actions françaises, en l'occurrence celles constituant le CAC 40 (cf. graphique suivant). Leurs évolutions tendancielles sont voisines. Elles aboutissent depuis 20 ans à un doublement de leur prix. En revanche, les fluctuations de moyen terme sont différentes. Elles sont plus accentuées en ce qui concerne les actions. Elles peuvent même connaître des cycles spécifiques. C'est notamment le cas du cycle des valeurs de l'économie numérique dans les années 1996 -2003, qu'on qualifie quelques fois de bulle internet et qui n'a pas affecté l'immobilier.

Graphique 16 : Indice du prix des actifs (inflation déduite)

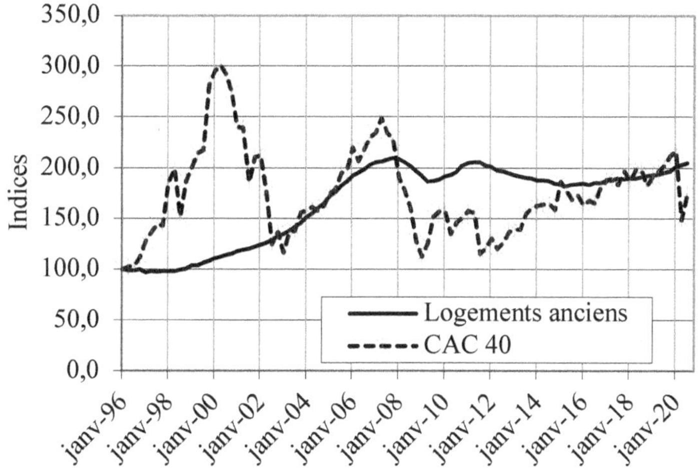

Les conditions du crédit jouent sur le cours des actions le même effet que sur le prix de l'immobilier. Une capacité d'endettement plus grande, du fait notamment de la baisse des taux, permet de payer plus cher les titres que l'on veut acheter. Si ce procédé n'est pas pratiqué par les ménages en France, où un banquier acceptera difficilement de prêter pour acquérir des actions, il l'est davantage outre-Atlantique. Par ailleurs ce procédé est employé par les entreprises pour racheter leurs propres actions ou mener des opérations de rachat d'autres entreprises. L'incidence sur la hausse du cours de l'action est double. Pouvant s'endetter pour moins cher, les entreprises s'endettent davantage et peuvent payer plus cher les actions. Par ailleurs en achetant leurs propres actions elles augmentent la part du capital détenu par les autres actionnaires ce qui leur offre une part plus grande de dividendes et tend à faire croître le cours.

Le niveau extrêmement bas des taux d'intérêt actuels n'a jamais eu d'équivalent dans le passé[38]. Alors que la tendance des taux d'intérêt nominaux à long terme depuis le milieu du 19ème siècle s'inscrit autour de 5%, elle connait depuis 20 ans une contraction qui les amène proches de zéro, voire en dessous de zéro pour certains taux de rendement. Comme la situation actuelle des taux est exceptionnelle, il ne faut pas s'étonner que l'on observe aussi des phénomènes économiques exceptionnels parmi lesquels le niveau extrêmement élevé du prix des actifs.

2 Le rôle des revenus futurs dans la valeur des patrimoines

Une valeur patrimoniale n'est que la transformation des revenus futurs en valeur présente par l'actualisation. Dans ce mécanisme il faut considérer que le futur commence maintenant. Pour les titres de propriété d'entreprises, les actions, le revenu futur est beaucoup plus volatil que dans le cas des biens immobiliers. Il dépend des prévisions de bénéfices que les entreprises peuvent attendre de leur activité. Ces prévisions dépendent à leur tour de la

[38] Voir Peter Kugler, « La baisse des taux d'intérêt dans l'histoire », La vie économique 5/2017, https://dievolkswirtschaft.ch/content/uploads/2017/04/05_Kugler_FR.pdf et Vivien Levy-Garboua, Eric Monnet, « Les taux d'intérêt en France : une perspective historique », Revue d'économie financière 2016/1 n°121, pages 35-58, https://www.cairn.info/revue-d-economie-financiere-2016-1-page-35.htm

conjoncture économique, du secteur d'activité, de la taille de l'entreprise et de sa gestion. Les analystes financiers mènent des analyses fines pour déterminer ces prévisions de bénéfices qu'ils sont amenés à réviser en fonction de leurs anticipations sur ces variables. Les bénéfices, qui sont un solde entre les recettes assez volatiles et les coûts beaucoup plus rigides, sont donc eux-mêmes volatils.

Ces révisions de prévisions font varier le cours de l'action de l'entreprise concernée. En cas de baisse de leur cours on dit couramment que des millions ou des milliards sont « partis en fumée ». En fait l'expression est impropre. Ce sont ces valeurs patrimoniales elles-mêmes qui sont de la « fumée », dans la mesure où elles constituent une valeur virtuelle. Cette valeur virtuelle ne se concrétise que lors d'une transaction. Toutefois, à la différence de l'immobilier les transactions portent sur une part plus conséquente du stock d'actifs. La capitalisation boursière de la bourse de Paris s'élève au 1er janvier 2020 à 1832 milliards €[39]. Les transactions boursières quotidiennes représentent environ 5 milliards €. Sur une année c'est donc plus de la moitié de la capitalisation boursière qui fait l'objet d'une transaction.

Les disparités d'anticipation sur les revenus futurs expliquent les disparités de capitalisations boursières des entreprises, disparités qui peuvent être considérables. Ainsi dans le secteur de l'automobile, l'entreprise Tesla dont le propriétaire majoritaire est Elon Musk avec 20% du capital ne produit que des véhicules électriques et en a livré 367000 en 2019. Ses concurrents qui produisent essentiellement des véhicules à moteur thermique en ont vendu beaucoup plus. General Motors en a vendu 8 millions et Ford 6. Leur valeur

---

[39] Wikipédia article sur le CAC 40.

boursière avant la crise du coronavirus est pourtant considérablement inférieure à celle de Tesla qui vaut 81 mds de $, contre 53 mds pour GM et 37 mds pour Ford. Le résultat net de Tesla est faiblement positif. La valeur boursière supérieure de Tesla ne résulte donc pas d'un revenu plus important. Elle résulte d'une anticipation des revenus futurs, anticipation qui pourra se réaliser ou non.

On conçoit que la valorisation des revenus futurs conduise à des montants plus importants quand l'activité qui génère ces revenus est promise à un grand développement. C'est le cas des nouvelles technologies comme les véhicules électriques. C'est aussi le cas de l'économie numérique où les valeurs patrimoniales peuvent atteindre des chiffres très élevés alors que les entreprises ne font aucun bénéfice. Ainsi la société éditrice de l'application Tweeter a été créée en 2006 mais ne commence à rapporter de l'argent qu'en 2018. Elle n'en est pas moins valorisée à 26 milliards $. De son côté, Facebook qui a été créé en 2004 vaut 463 milliards $.

Une autre illustration du rôle de l'évolution anticipée de l'activité d'une entreprise sur sa valeur patrimoniale est fournie en France par l'entreprise Blablacar. Elle annonçait en septembre 2018 être rentable pour la première fois de son existence depuis 12 ans. Elle vaudrait autour de 1,2 milliards d'euro au début 2020. Ce n'est donc pas non plus son revenu actuel qui explique sa valorisation mais bien les perspectives de revenu futur, pour tant est qu'elles se réalisent. Par ailleurs la situation peut être actuellement favorable après avoir connu des perturbations antérieures conséquentes. Ainsi « plusieurs levées de fonds massives (10 millions de dollars en 2012, 100 millions en juillet 2014, 200 millions en septembre 2015) lui permettent de croître très vite et de s'étendre partout dans le monde… Entre 2012 et 2016, BlaBlaCar s'implante dans 22 pays, rachète 8 sociétés et devient la deuxième licorne française après vente-privee.com. Problème : le moteur s'enraye à partir du deuxième semestre de 2016... L'entreprise est passée de 500 à environ 350 salariés »[40]. La chute du trafic résultant de l'épidémie de coronavirus va faire chuter la valeur patrimoniale de la société.

Ce genre de situation est assez courant chez les nouvelles entreprises. La valorisation des entreprises du secteur s'opère sur la base des revenus futurs et non pas des revenus présents. La valeur patrimoniale n'est pas non plus la somme des apports de capitaux. C'est d'ailleurs tout l'art du capitaliste de générer un patrimoine important à partir d'un capital plus réduit, c'est-à-dire de valoriser le futur à partir du passé.

La disparité entre revenus actuels et revenus futurs se manifeste aussi dans les activités économiques plus traditionnelles. C'est elle qui conduit à la distinction dans les actions entre valeurs de rendement et valeurs de croissance. Les valeurs de rendement, comme leur nom l'indique, sont celles dont les perspectives de revenus futurs sont modérées mais qui assurent une rentabilité immédiate. Les valeurs de croissance offrent un moindre revenu actuel mais sont promises à un développement de l'activité et à des gains futurs plus importants. Bien entendu ces valeurs sont plus risquées que les premières et leur rendement inclut une prime de risque. Si l'on raisonne en termes de ratio

---

[40] La Tribune du 3/10/2018, https://www.latribune.fr/technos-medias/internet/apres-deux-ans-de-galere-comment-blablacar-a-repris-du-poil-de-la-bete-792360.html

cours de l'action/revenu, le *price earning ratio* (PER), qui est l'inverse du taux de rendement, les différences de perspectives expliquent que Microsoft ait un PER en 2016 de 20,50 et Apple de 13,43. La seconde est plus rentable mais a des perspectives de croissance moins favorables. C'est la même raison qui fait que la maison mère de Google, la société Alphabet présente un PER 2016 de 33,38 dû à des perspectives de croissance très favorables.

C'est ce mode de détermination des actifs par la valeur actualisée qui explique l'évolution des patrimoines et de l'inégalité de leur distribution.

3 Évolution des inégalités de patrimoine

La connaissance des patrimoines est plus récente que celle des revenus. Celle de leur répartition est encore plus récente. L'INSEE commence à s'intéresser à la question à la fin des années 70[41]. On commence alors notamment à mobiliser des informations directes au lieu de la méthode utilisée jusque-là qui consistait à partir des déclarations de succession et à multiplier l'annuité successorale par l'inverse du taux de mortalité de la tranche d'âge[42]. La méthode actuelle repose sur des enquêtes directes obtenues par déclaration. Il en résulte que les données sur les patrimoines sont beaucoup plus fragiles que celles sur les revenus. La valeur agrégée des patrimoines que l'on obtient

---

[41] Philippe Madinier, Jean-Jacques Malpot « La répartition du patrimoine des particuliers », Économie et Statistique, 1979 114 pp. 77-93 et Antoine Coutière Fabrice Hatem Patrice Mantz Christian Pontagnier « La concentration du patrimoine des foyers » Économie et Statistique, 1981, n°137 pp. 35-52.

[42] Cette méthode a été mise en œuvre au 19ème siècle par Alfred de Foville, cf. La France économique, statistique raisonnée et comparative, Armand Colin 1890.

de cette manière est sensiblement inférieure à celle résultant des mesures macroéconomiques de la comptabilité nationale du fait des sous-estimations, volontaires ou non.

En ce qui concerne la répartition des patrimoines, on dispose des données de concentration du patrimoine fournies par Garbinti et *alii*[43] qui fournissent des données depuis 1800. Sur le long terme elles font apparaître trois périodes très distinctes.

Tout au long du 19ème siècle jusqu'au début du 20ème siècle la répartition des patrimoines reste stable et caractérisée par une forte concentration. Les 10% des plus riches possèdent 80% de la totalité des patrimoines. La deuxième période s'étale du début du 20ème siècle aux années 1980. Elle voit la part des patrimoines détenus par les 10% les plus riches diminuer continûment jusqu'à représenter 50% des patrimoines totaux. Dans le même temps les « classes moyennes », ceux dont le patrimoine est compris entre celui des 10% les plus riches et des 50% les plus pauvres, s'élève de 15% à 40% qui est dû au développement de la propriété immobilière d'occupation. Enfin la part des plus pauvres s'élève à partir de quelques pourcents pour atteindre les 10%. La troisième phase démarre au début des années 90 avec une croissance soudaine et significative de la part de patrimoine des plus riches qui atteint un pic en 2000. Elle se contracte en 2005 pour connaître ensuite une croissance plus lente qui la ramène autour de 55%. Corrélativement la

---

[43] Bertrand Garbinti et Jonathan Goupille-Lebret « Inégalités de revenu et de richesse en France : évolutions et liens sur longue période », Économie et Statistique, n°510-511-512, 2019.

part des autres ménages connaît une évolution inverse avec un creux en 2000 et une érosion lente depuis 2005.

Sur les 30 dernières années la concentration des patrimoines s'est faiblement accentuée, si l'on excepte l'épisode des années 1995-2005. Cet épisode de croissance soudaine du patrimoine des plus riches est lié à la flambée du cours des valeurs mobilières connue sous la qualification de « bulle internet » qui s'est manifestée par la croissance rapide des actions de l'économie numérique et qui a entraîné le reste des actions cotées. S'en est suivi un dégonflement des cours aussi rapide que leur croissance.

Logiquement le pic de patrimoine des plus riches en 2000 correspond au creux des patrimoines des autres ménages, ce qui pourrait laisser croire que l'accroissement de patrimoine des uns s'est fait au détriment de celui des autres. Si l'imputation de l'évolution de cette période à la bulle internet est correcte, l'accroissement de la part des plus riches est un phénomène purement nominal affectant les patrimoines financiers. Il ne doit donc rien à un quelconque prélèvement sur le revenu ou le patrimoine des autres ménages.

Sur les 15 dernières années, l'accroissement des inégalités de patrimoine est imputable à la croissance de la valeur de certains actifs patrimoniaux, les droits de propriété mobilière et immobilière. C'est cette croissance qui a accentué la différence de richesse entre ceux qui possèdent de tels actifs et ceux qui n'en possèdent pas.

4 Ce ne sont pas les inégalités de revenu qui expliquent les inégalités de patrimoine

En assimilant les patrimoines au capital, on suggère que leur évolution est le résultat de l'accumulation des prélèvements sur la richesse produite comme pour le capital. Ainsi les revenus incluraient-ils les plus-values sur le patrimoine. En conséquence de quoi l'accroissement des patrimoines résulterait d'une affectation des revenus à l'épargne, revenus issus eux-mêmes de l'accroissement des patrimoines. En réalité, les plus-values sur le patrimoine ne constituent pas un revenu arbitrable issu de la production. Pour s'en convaincre il suffit de s'intéresser aux moins-values. Il s'en réalise fréquemment. Constitueraient-elles un revenu négatif ? Cela n'existe pas par nature. Tout revenu est le résultat d'une production nécessairement positive. Par ailleurs si une plus-value était un prélèvement sur la richesse produite, une moins-value serait une restitution. A qui ? En fait les plus-values ne sont pas du revenu. En comptabilité nationale elles ne sont d'ailleurs pas comptabilisées comme tel. En revanche elles sont chiffrées dans les comptes de patrimoine sous la dénomination de réévaluations.

En considérant les plus-values comme des revenus on évacue leur vraie nature et donc les facteurs qui en sont à l'origine. Or toute la question est de les identifier, d'autant que les plus-values contribuent très largement à la valorisation des patrimoines depuis 20 ans. Dans la conception dominante on ignore ce qui est au cœur de la valorisation des patrimoines, le futur. En effet les patrimoines représentent l'activité économique à venir, transformée par l'actualisation en valeur (patrimoniale) présente. Plus précisément la valorisation des patrimoines, les plus-values, résultent de perspectives plus favorables des revenus futurs et/ou d'une baisse du taux d'actualisation. On a vu qu'en ce qui concerne l'immobilier résidentiel la chute drastique des taux d'intérêts explique à elle seule la valorisation du patrimoine.

Graphique 17 : Concentration des revenus et des patrimoines en 2015

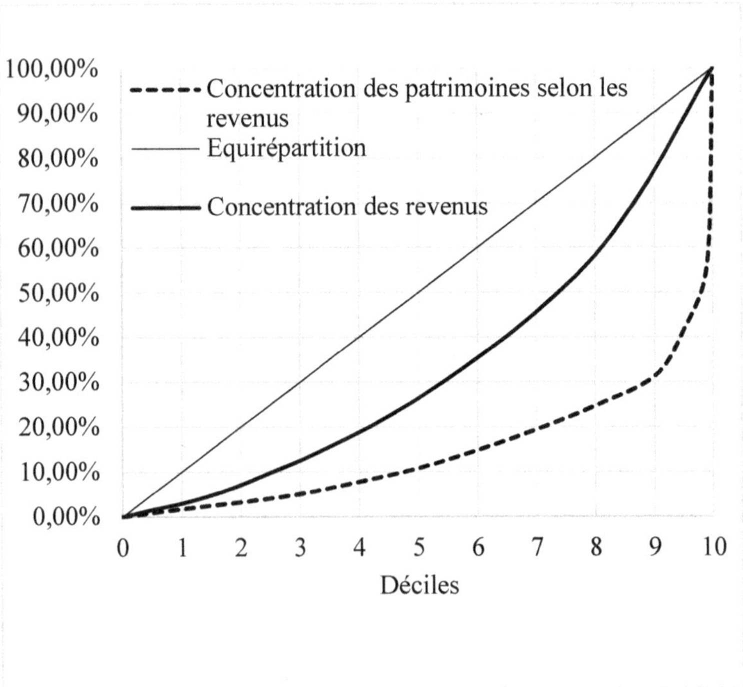

Source : données INSEE

Le fait que l'augmentation des patrimoines ne peut pas s'expliquer uniquement par l'épargne sur les revenus est confirmé par la stabilité du taux d'épargne dans la période d'accroissement des valeurs patrimoniales à partir du début des années 2000. Depuis 20 ans le taux d'épargne des ménages, défini comme le rapport entre l'épargne des ménages et le revenu disponible brut, est stable autour de 15%. Il en est de même du taux d'épargne financière, rapport entre la capacité de financement des ménages et le revenu disponible brut qui fluctue autour de 5%.

5 Ce sont plutôt les inégalités de patrimoines qui sont à l'origine de l'accroissement des inégalités de revenu

La thèse dominante est que l'accroissement des inégalités de patrimoine est dû à l'accroissement de l'épargne des plus riches, lui-même dû à l'augmentation des inégalités de revenu. On a montré que des éléments factuels venaient contredire cette thèse. La réalité est plutôt l'inverse : c'est la croissance des patrimoines qui explique celle des hauts revenus parce que ces hauts revenus sont constitués d'éléments de patrimoine ou de prélèvements sur les patrimoines. C'est le cas notamment de la tranche des 1% des plus hauts revenus dont la part a effectivement augmenté. Ces revenus sont pour partie issus d'activités liées à des transactions sur les actifs. Dans le domaine de l'immobilier les hauts revenus sont perçus par les notaires. Les agents immobiliers sont également concernés par ce mode de rémunération, mais comme leur nombre a augmenté parallèlement à celui des transactions, leur revenu individuel n'a pas évolué dans les mêmes proportions. Dans le cas des transactions financières les hauts revenus sont perçus par les traders, les banquiers d'affaires, les évaluateurs, les avocats d'affaires etc.

Une autre partie des hauts revenus est liée à des valeurs d'actifs, notamment financiers. Ainsi les hauts dirigeants des grandes entreprises ont souvent une rémunération qui consiste pour partie en actions ou en options d'achat d'actions dont la valeur dépend des cours de bourse, c'est-à-dire de la valeur patrimoniale de l'entreprise. Dans ce dernier cas d'ailleurs la différence entre revenu et patrimoine devient floue. Quand on transfère un élément d'actif vers un dirigeant en guise de rémunération on peut se demander s'il s'agit d'un revenu ou simplement d'un transfert d'actifs qui passe de manière transitoire par l'état de revenu.

De manière incidente, on peut aussi s'interroger sur la pertinence économique de ce mode de rémunération et la contribution de cette activité au PIB. Ce tarif repose sur l'idée que les coûts ou les efforts du prestataire sont fonction croissante de la valeur de l'opération. La rémunération est fonction croissante de la valeur de l'opération mais le taux est dégressif donc la rémunération augmente moins que proportionnellement. Ce n'est sans doute pas faux s'agissant des différences entre les prestations opérées par un intervenant à une même date. Les efforts pour mener à bien une opération de fusion acquisition sont sans doute liés à l'importance de l'opération. Dans ce cas, la disparité des rémunérations correspond plus ou moins à la disparité des coûts. En revanche la pertinence économique de ce genre de tarif pose un problème pour les évolutions de prix dans le temps. Prenons l'exemple de l'immobilier. Quand le prix du même bien double, la rémunération de l'intermédiaire double ou presque. Est-ce que la contribution de cet intermédiaire au PIB a augmenté dans les mêmes proportions. Son travail n'est pas deux fois plus important quand le prix du même bien a doublé. La seule dimension qui croît avec la valeur des biens est celle des risques encourus. Mais ils ne peuvent justifier à eux seuls l'accroissement des rémunérations.

Rappelons enfin que les transactions d'actifs comme celles sur de tous les produits de seconde-main ne génèrent par elles-mêmes aucune valeur ajoutée. Elles génèrent des liquidités, éventuellement des plus ou moins-values, mais pas de valeur ajoutée qui résulte de l'intervention du travail et/ou du capital. La seule valeur ajoutée qui est éventuellement créée par ce type de transactions est celle résultant de la prestation de service d'un intermédiaire.

6 Le traitement fiscal des patrimoines réducteur des inégalités ?

Les patrimoines font l'objet d'une fiscalité fournie mais sans doute moins visible que celle sur les revenus parce qu'elle est moins récurrente et concerne moins de personnes. Mais certaines taxes sur le patrimoine sont annuelles, comme la taxe foncière. La taxation est cependant plus souvent occasionnelle comme lorsqu'elle est perçue à l'occasion d'une transmission où elle est incluse dans les frais qui l'accompagnent.

Sur la fiscalité l'économiste n'a pas à porter de jugement sur ce qui est souhaitable ou préférable. C'est une question largement subjective ou politique. Le rôle que peut avoir l'économiste en analysant la fiscalité est d'identifier la ou les logiques sous-jacentes, c'est-à-dire les cohérences ou les incohérences. Il peut aussi apprécier les effets redistributifs en se référant à des principes de justice sociale tels qu'ils sont définis par la philosophie morale.

Que dit la théorie économique à propos de la fiscalité ? Elle se réfère à la notion d'efficacité. L'efficacité ne doit pas être comprise dans le sens du rendement de l'impôt. N'est pas efficace un impôt qui rapporte beaucoup. Est efficace du point de vue économique un impôt qui modifie le moins possible le comportement des agents dans leurs choix. Ce faisant un tel impôt limite les pertes de bien-être résultant d'une allocation sous-optimale des ressources. D'où la recommandation des économistes d'effectuer un prélèvement directement sur les revenus et non pas sur les consommations[44], parce que les revenus constituent les dotations initiales des agents, en amont de leurs choix. Cette recommandation constitue le 2ème théorème de l'économie du bien-être. De ce point de vue la fiscalité sur les patrimoines présente une certaine efficacité puisqu'elle affecte « les dotations initiales », les moyens financiers, qui conditionnent le choix des agents économiques. Sauf que ce sont les revenus futurs qui sont ainsi affectés.

Rappelons enfin que quelle que soit l'assiette de l'impôt, *in fine*, ce dernier repose sur le revenu qui représente la valeur produite pendant une période donnée et qui est comptabilisée dans le PIB. Si l'assiette est un autre élément que le revenu, le prélèvement qui est effectué par l'impôt aboutira finalement à un prélèvement sur la seule valeur créée, le revenu.

La fiscalité soulève une deuxième question, celle de la redistribution. On a vu que la question de la distribution et donc de la redistribution n'était pas par elle-même une question économique, sauf quand elle affecte les performances économiques. La distribution relève de choix subjectifs ou politiques qui sont argumentés par la

---

[44] Ce principe vaut sous les hypothèses d'un marché concurrentiel et notamment en l'absence d'externalités. En réalité les consommations sont aussi taxées, lourdement, notamment par la TVA, ou par des taxes spécifiques comme celle sur les carburants. En contrepartie certaines consommations sont subventionnées, comme l'éducation, la santé et le logement.

philosophie morale, plus précisément par ce qui est appelé les théories de la justice. Deux idées dominent. En premier lieu, la redistribution doit se faire des plus riches vers les plus modestes. C'est la redistribution verticale. Un second principe de justice est souvent évoqué, celui de l'équité horizontale. Celle-ci se résume dans le principe du « traitement égal des égaux ». Ce principe exprime que les personnes présentant les mêmes caractéristiques, notamment de revenu, doivent être traitées fiscalement de la même manière.

Du point de vue du premier principe, la redistribution verticale, la fiscalité sur les revenus y contribue fortement. Les 57% des foyers fiscaux les plus modestes échappent à l'impôt sur les revenus en 2017 et les plus aisés y sont soumis à un taux progressif. Au total c'est le prélèvement le plus redistributif verticalement, c'est-à-dire des riches vers les pauvres. Mais il ne représente que 87 mds €, soit 21% des recettes brutes de l'État. En outre de nombreux traitements fiscaux spécifiques, les « niches fiscales » viennent contrevenir au principe de progressivité.

Quant à la fiscalité sur les patrimoines elle est globalement redistributive parce que les patrimoines sont davantage concentrés entre les mains des plus riches. Mais elle est plus complexe parce que le patrimoine peut être taxé sur le revenu qu'il génère, sur sa détention, sur sa transmission à titre onéreux ou non, sur les plus-values.

La fiscalité sur les revenus du patrimoine est au plus égale à celle des autres revenus, notamment ceux du travail, parce que les revenus du patrimoine sont inclus dans la masse des revenus. Mais elle dépend de la nature du patrimoine considéré, immobilier ou financier. Les « revenus fonciers » sont imposés comme les autres revenus après un certain nombre de déductions. Le taux marginal d'imposition maximum de ces revenus et de ceux du travail est de 45%. En revanche les revenus du patrimoine financier sont soit totalement ou partiellement exonérés (Livrets d'épargne, assurance vie), soit au plus imposés, selon la dernière législation, à un taux fixe de 12,8 % au titre de l'impôt sur le revenu et de 17,2 % au titre des prélèvements sociaux (*flat tax*). Ce traitement différencié selon la nature des actifs contrevient au principe d'équité horizontale.

De plus le différentiel de traitement entre le régime général et celui des revenus du patrimoine financier est d'autant plus avantageux que le contribuable a un taux marginal d'imposition élevé. Cette fiscalité avantage les plus riches, en revenu ou en patrimoine. Elle contrevient donc en outre au principe de progressivité, c'est-à-dire à l'équité verticale.

Mais la fiscalité du patrimoine ne se limite pas aux revenus qu'il génère. Elle consiste aussi en une fiscalité sur la détention de certains actifs. Désormais les seuls actifs imposés à ce titre sont les actifs immobiliers avec l'IFI, l'impôt sur la fortune immobilière, depuis qu'a été supprimé l'impôt de solidarité sur la fortune (ISF) qui concernait aussi les actifs financiers. Les actifs immobiliers supportent également la taxe foncière. Il est vrai que la taxe foncière est déductible de l'assiette de l'IFI, ce qui fait qu'on ne paye pas l'IFI sur la taxe foncière, mais l'immobilier supporte le cas échéant les deux taxations. Il est vrai aussi que l'on peut considérer la taxe foncière comme un substitut à l'imposition sur les loyers dits imputés, c'est-à-dire ceux que les propriétaires occupants se payent à eux-mêmes et qui sont exonérés[45]. Néanmoins les propriétaires bailleurs payent aussi la taxe foncière alors qu'ils sont par ailleurs imposés sur les revenus locatifs dont, il est vrai, la taxe foncière est déductible.

Le produit des taxes foncières est essentiellement perçu au bénéfice des collectivités territoriales. Il est de 42,5 mds € en 2018. Le montant des taxes foncières représente environ ½% de la valeur du patrimoine immobilier. Quant à l'IFI son barème commence à ½% de la valeur du bien à partir de 800000€ et atteint 1,5% au-delà de 10 M€.

La taxe sur la détention des biens immobiliers, la taxe foncière, contrevient aussi au principe de progressivité puisqu'elle est en partie déconnectée des revenus. Le taux de taxe ne dépend pas des revenus et l'assiette, qui est la valeur locative fiscale, ne prend pas en considération les revenus du détenteur du bien. Elle peut leur être indirectement reliée dans la mesure où les ménages plus aisés ont souvent un bien immobilier de plus grande valeur, mais ce n'est pas toujours le cas. Des propriétaires immobiliers peuvent être modestes. Ce principe de taxation désavantage ces derniers. Il existe toutefois une exonération pour les personnes âgées ou handicapées et celles de condition modeste (revenu imposable inférieur à environ 11000 € pour une part, c'est-à-dire le seuil de pauvreté). Fiscalement, à revenu égal, il vaut mieux être locataire et disposer d'un patrimoine financier plutôt que propriétaire de son logement. En revanche l'IFI est progressif selon la valeur du bien.

---

[45] Voir mon article sur mon blog https://www.economieimmobiliere.com/loyers-imputes-evaluation-fiscalite-croissance/

Le traitement spécifique de l'immobilier parmi les actifs doit beaucoup à son immobilité qui rend plus difficile une évasion fiscale. C'est sans doute la raison pour laquelle il a été pris depuis très longtemps comme une des bases de la fiscalité. Les actifs mobiliers, comme leur nom l'indique, sont mobiles et plus faciles à soustraire à la connaissance du fisc. Les détenteurs des patrimoines sont également mobiles ce qui constitue un argument pour limiter leur fiscalité afin de ne pas les inciter à s'y soustraire en se délocalisant à l'étranger.

La fiscalité sur la détention de patrimoine constitue un flux, souvent annuel, prélevé sur le patrimoine qui a la dimension d'un stock. Le prélèvement ampute le patrimoine dès lors que le taux de prélèvement excède le rendement du patrimoine, ce qui est le cas pour des patrimoines immobiliers très importants, où la somme de l'IFI et de la taxe foncière peut atteindre 2%. L'IFI doit alors être financé par les autres revenus avec une limite à 75% de l'ensemble des revenus.

Un troisième type de fiscalité qui affecte aussi les patrimoines est celle sur les transmissions patrimoniales et sur les plus-values. Le poids dans le budget de l'État des droits de succession et donations est de 14,4 mds (12 mds sur les successions et 2,4 sur les donations) en 2019. Ce chiffre est de 60% plus élevé qu'en 2012. Cela résulte d'un effet d'assiette (nombre de décès et montant des patrimoines) et d'un effet de taux. Le montant annuel des transmissions représente 10% à 15% du PIB soit 200 mds selon Piketty, soit encore 1,5% du montant des patrimoines ce qui correspond à une durée de détention moyenne de 65 ans. En fait le doublement des actifs patrimoniaux explique à lui seul le doublement des montants transmis.

On évoque ici les deux types de fiscalité en même temps dans la mesure où c'est souvent lors de la transmission que sont fiscalisées les plus-values. La différence à opérer est plutôt entre celle sur les transmissions à titre onéreux, les ventes, et celle sur les donations et les successions. La taxation des ventes a la même nature que celle sur les autres ventes, essentiellement la TVA. D'ailleurs en matière de logement, les logements récents se voient imposés à la TVA tandis que les logements plus anciens se voient soumis au régime des droits d'enregistrement.

La taxation des transmissions à titre gratuit relève d'une logique d'atténuation des différences de dotations initiales des individus des différentes générations. Des prélèvements importants sur ces transmissions aboutissent à une « remise à zéro » des compteurs des patrimoines pour la génération suivante. En l'état actuel du barème de la taxation des successions et donations, la « remise à zéro » est toute relative. Les inégalités patrimoniales sont assez largement conservées au travers des générations. Elles sont davantage réduites par l'effet de division du nombre d'héritiers.

Au total, le système fiscal français conduit à une taxation multiple du patrimoine, sur ses revenus, sa détention et sa transmission, qui empêche d'en mesurer correctement les effets, notamment redistributifs. Quand on considère que la valeur patrimoniale d'un actif est la somme de ses revenus futurs actualisés, taxer sa détention et le revenu courant, revient à taxer deux fois les revenus, maintenant sous forme de leur valeur capitalisée et lors de leur perception effective. Taxer en outre les transmissions d'actifs qui ne génèrent par elles-mêmes aucune valeur ajoutée revient à effectuer un prélèvement sur la valeur de ces actifs. Cette double taxation est en outre répétée puisque la taxation sur la détention est annuelle. Il y a également double taxation en ce qui concerne l'impôt sur les plus-values quand celles-ci consistent en revalorisation des revenus futurs qui sont taxés dans la détention de l'actif. Quand elles consistent en une baisse du taux d'actualisation il y a un prélèvement qui ne se fonde sur aucune valeur ajoutée. Plus-value n'est pas valeur ajoutée.

7 Redistribuer les patrimoines pour faire disparaître la pauvreté ?

On s'est déjà interrogé sur la possibilité d'éliminer la pauvreté par une politique volontariste de transferts. On a établi que c'était économiquement possible au prix de prélèvements significatifs. Il n'y a donc pas d'objection économique à ce type de transfert mais que le problème pouvait être l'acceptabilité sociale de ce transfert, notamment de la part de ceux dont les revenus sont juste au-dessus du montant du transfert. On s'interroge ici sur la mobilisation des patrimoines les plus élevés pour financer ces transferts. Il est en effet quelque fois suggéré que la redistribution des patrimoines permettrait d'éliminer la pauvreté. C'est notamment une idée avancée par Oxfam. Le paragraphe précédent montre qu'en France tout au moins les patrimoines sont loin d'être exonérés d'impôt, avec une relative légèreté pour les patrimoines financiers.

Il n'y a pas de problème social à prélever sur les patrimoines des riches pour donner au plus pauvres. C'est la logique de toute redistribution. L'identification des riches, l'importance des prélèvements à effectuer et des transferts vers les bénéficiaires restent des questions d'appréciation subjective, individuelle ou collective. Le problème est ici économique, celui de la nature de ce qui est redistribué et de l'usage qui en est fait.

La difficulté vient du fait que les patrimoines ne sont pas des masses d'argent que l'on pourrait mobiliser pour les attribuer aux plus modestes et leur permettrait d'atteindre un niveau de vie plus élevé. En France une petite partie des patrimoines des ménages, en fait 11% de l'ensemble de leurs actifs, l'est sous forme de liquidités disponibles pour un prélèvement et une dépense immédiats. La majeure partie des patrimoines est investie en actifs financiers (30%), l'essentiel étant investi en immobilier (60%). De ce total encore faut-il retrancher les dettes à hauteur de 12%.

Seule la partie sous forme de liquidités est disponible pour une dépense après transfert vers les plus pauvres. Les autres formes d'actifs ne sont pas liquides. Il y a donc deux éventualités possibles. La première consiste à donner une partie de ces titres de propriété ou de créances à des pauvres. Ils seraient plus riches en patrimoine mais pas immédiatement en revenu. En fait la détention d'actifs leur octroierait les droits sur les revenus générés par ces actifs. Encore faut-il que le nouveau propriétaire soit assez avisé pour que son nouveau patrimoine soit aussi rentable qu'antérieurement. En tout état de cause, comme le rendement brut des patrimoines est de moins de 3%, ces revenus seraient sans commune mesure avec la valeur du patrimoine transféré.

Pour générer une masse d'argent plus significative reste l'autre éventualité qui consiste à monétiser ou liquéfier le patrimoine redistribué. Pour ce faire il faut le céder. Mais à qui le céder ? Il faudrait que l'acquéreur dispose lui-même des liquidités nécessaires. S'il en a, on pourrait réaffecter directement ce patrimoine monétaire aux plus modestes. L'exemple de la privatisation des entreprises publiques à la fin du communisme montre que la (re)constitution de patrimoines importants peut s'opérer très rapidement. Les salariés des entreprises publiques se sont vu attribuer des bons susceptibles d'être convertis en actions des entreprises à privatiser. Ils les ont rapidement cédés à ceux qui sont devenus des oligarques en s'étant souvent endettés pour racheter les actions de ces entreprises.

Au cours du temps une troisième éventualité d'amélioration de la situation des plus modestes résultant d'un transfert d'actifs est l'apparition de plus-values. Rappelons encore que les plus-values ne sont pas des revenus. Elles ne le deviennent pas non plus lorsqu'elles sont monétisées par la vente des actifs. Le même problème de l'origine des fonds utilisés lors de la cession-acquisition se pose alors. Ce n'est que lors d'une cession qu'il y a une monétisation de la plus-value. Avant la réalisation des plus-values celles-ci ne sont que virtuelles. Une plus-value n'est acquise définitivement que lors de la cession de l'actif. Les plus-values potentielles fluctuent comme varie le cours des actions. Mais les actifs peuvent être également l'objet de moins-values. Dans ce cas, seraient-elles remboursées à ceux qui les ont subies ?

Chapitre 7 La croissance : ses facteurs et ses formes

1 Qu'est-ce que la croissance ?

Quand on parle de croissance économique, on a l'idée d'une variable qui augmente. On identifie la croissance à un taux sur lequel se focalise l'attention des pouvoirs publics. En réalité la préoccupation de la population concernant son niveau de vie c'est plutôt le niveau de la variable que sa variation. De quelle variable s'agit-il ? C'est le plus souvent le Produit Intérieur Brut, le PIB. C'est une mesure de la richesse produite sur un espace donné, souvent un espace national. Plus précisément c'est la somme des valeurs ajoutées des activités économiques marchandes et des services publics. Il n'a donc pas la dimension d'un chiffre d'affaires mais est la différence entre un chiffre d'affaires et la valeur des biens et services qui contribuent à le produire, qu'on appelle les entrées intermédiaires en comptabilité nationale. L'utilisation de la valeur ajoutée plutôt que du chiffre d'affaires permet une mesure indépendante de la structuration de l'économie en branches d'activités et en entreprises. En effet, si deux entreprises dont l'une est cliente de l'autre fusionnent, le chiffre d'affaires total sera moindre que la somme des deux, la différence étant le chiffre d'affaires réalisé entre les deux entreprises. En revanche, la valeur ajoutée issue de la fusion est bien la somme des valeurs ajoutées des deux entreprises. C'est la même caractéristique que présente la TVA, taxe sur la valeur ajoutée, par rapport à une taxe sur le chiffre d'affaires.

La valeur ajoutée sert à rémunérer les *facteurs de production* qu'on résume à deux, le capital et le travail, en y ajoutant les administrations publiques. Elle a donc une dimension de revenu. On passe du PIB au revenu national en retranchant le produit qui part à l'étranger en rémunération des activités des non-résidents et en y incluant celui qui résulte des activités des résidents en France exercées à l'étranger.

Le PIB est un *flux* qui se mesure entre deux dates. Il n'est donc pas pertinent de le comparer directement à un *stock*, par exemple un patrimoine, avec des formulations du genre : « tel milliardaire a une fortune qui représente le PIB de tel pays ». Une telle comparaison revient à rapprocher le débit d'un robinet avec la contenance de la baignoire. Il y a bien une relation dans ce cas, en l'occurrence le temps mis pour remplir la baignoire, comme il y en a une entre le flux de revenu et le patrimoine qui le génère, qu'on a présenté dans le chapitre précédent. En l'occurrence une valeur patrimoniale, qui est un stock, est la somme des revenus futurs actualisés qu'elle peut générer.

Comme le PIB mesure le niveau de revenu d'un pays, il dépend de la taille du pays. On ne s'attend pas à ce qu'un petit pays ait le même PIB qu'un grand. Pour caractériser sa taille, on peut utiliser sa population. On calcule alors le PIB par tête, par habitant, pour comparer l'activité de deux pays. Mais ce coefficient correcteur pose un problème quand on veut comparer deux pays ayant des structures démographiques différentes. Par exemple l'Allemagne a une population de jeunes, qui ne contribuent pas au PIB, proportionnellement moindre que la France. Son PIB par tête est donc supérieur à ce qu'il serait avec la même structure par âge que la France. Il en est de même quand un pays a une population âgée importante.

Le PIB par tête est aussi utilisé quand on observe l'évolution du PIB dans le temps pour apprécier les performances de l'économie indépendamment de l'évolution de la population. La différence est particulièrement sensible quand la population diminue sans que cela impacte immédiatement l'activité économique.

En fait le choix du diviseur renvoie à la question de ce que l'on cherche à mesurer avec le PIB. Est-ce une mesure de production, de revenu, ou de bien-être ? Si c'est une mesure de production il vaut mieux raisonner en PIB par personne employée ou par heure de travail. C'est alors une mesure de productivité. Si c'est une mesure de revenu, il vaut mieux s'intéresser au revenu national. Si c'est une mesure de bien-être, il faut raisonner en tenant compte de la manière dont la population se répartit en ménages et en tenant compte également de la composition du ménage. On prend en considération alors ce qu'on appelle les *unités de consommation*. Le nombre d'unités de consommation dépend de la manière dont la population se répartit en ménages caractérisés par leur taille et leur composition familiale. Un ménage est l'ensemble des personnes qui habitent un même logement. Cette manière de procéder pose en revanche un problème dans la mesure où le choix de la constitution ou non d'un ménage sous les formes de cohabitation ou de la décohabitation, et le choix du nombre d'enfants, sont eux-mêmes des choix de consommation. Autrement dit la mesure du niveau de vie d'un pays dépend de la manière dont les habitants cohabitent.

Finalement, on parle de « croissance » parce que sur longue période le PIB augmente. Sur des périodes plus courtes, le PIB français comme celui d'autres pays a connu des périodes de contraction, qualifiées de récessions, quelques fois sur plusieurs années. Toutefois, en moyenne la richesse produite a tendance à augmenter depuis au moins une centaine d'années.

2 La croissance sur un siècle

La croissance depuis 1890 est fournie par les données collectées par Pierre Villa[46] raccordées aux données plus récentes de l'INSEE (depuis 1949). Elles sont représentées sur le graphique ci-dessous.

Graphique 18 : La croissance à long terme

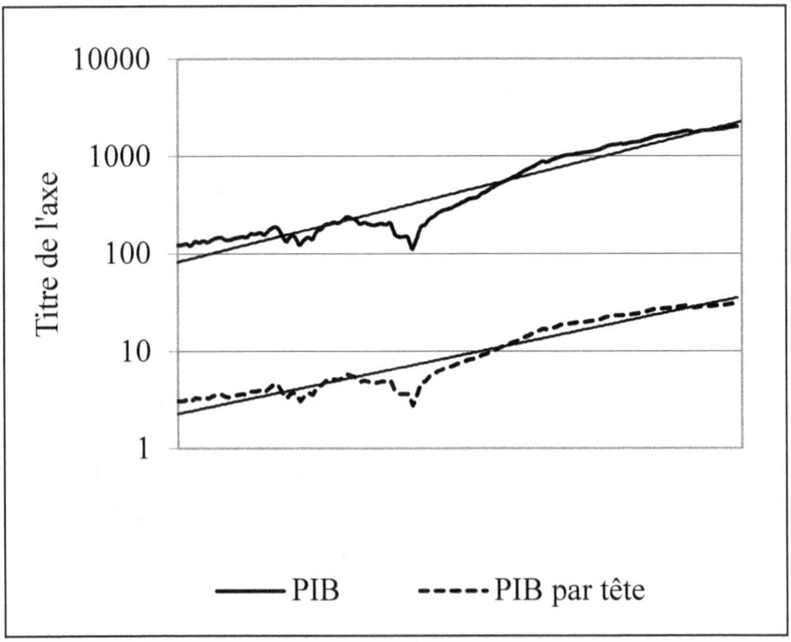

Source : Pierre Villa et INSEE

Les données sur l'axe vertical sont en logarithmes de telle sorte qu'un accroissement donné de la variable pendant un

[46] Pierre Villa, Un siècle de données macro-économiques, INSEE Résultats n° 86-87, 1994

intervalle de temps définit un accroissement relatif, en pourcentage. On lit par exemple que le PIB a été multiplié par près de 10 en l'espace de 100 ans depuis la fin du 19ème siècle.

L'ajustement de la courbe effective par une courbe à taux constant fait apparaître le taux de croissance moyen sur l'ensemble de la période qui est de 2,56 % par an. On constate que l'évolution de long terme est bien positive, et donc qu'il y a effectivement croissance à long terme.

Comme la population évolue aussi tendanciellement de manière positive, le PIB par tête croît moins que le PIB total. Ramenée à l'habitant, la croissance de la France sur plus d'un siècle est de 2,14% par an ce qui correspond à doublement du produit par tête en 33 ans environ. On peut dire que la croissance de la population contribue pour environ 17% à la croissance totale ou au contraire qu'elle absorbe 17% de la croissance totale.

On constate également que la croissance évolue de manière irrégulière avec des périodes où elle est significativement inférieure à son évolution de long terme et d'autres où elle lui est supérieure. Lors des périodes de ralentissement il se manifeste même des périodes de contraction où le PIB diminue, du fait d'un taux de croissance négatif. L'identification de ces périodes conduit à la définition des cycles économiques. Certains de ces cycles sont assez longs et d'ampleur suffisamment importante pour être identifiables graphiquement. On peut par exemple identifier des cycles de longue durée, de plusieurs dizaines d'années. C'est le cas de la phase de récession correspondant aux deux guerres mondiales et de la crise de 1930. Ces récessions caractérisent aussi bien le PIB total que le PIB par tête. La diminution de la population due aux deux guerres a donc été moins forte que la contraction du PIB.

Depuis la 2ème guerre mondiale, la croissance a repris à un rythme soutenu en partant toutefois d'un niveau bas, puisqu'en 1945 le PIB par tête est à peu près au niveau d'avant la première guerre mondiale, ce qui correspond à une période de 40 ans sans croissance tendancielle. Commence ensuite une phase d'expansion où la croissance est supérieure à son rythme tendanciel. Cette phase dure jusqu'au début des années 80. Depuis cette date, la portion de la courbe correspondante marque un ralentissement de la croissance qui passe en dessous de son rythme centennal. Comme on dispose de données statistiques cohérentes depuis la 2ème guerre mondiale, on a tendance à voir une dynamique intégrée sur l'ensemble de cette période. Ce n'est pas le cas. Il n'est pas pertinent de comparer la période actuelle aux 30 années qui ont suivi la deuxième guerre mondiale, les « trente glorieuses ». Celles-ci appartiennent plutôt à la logique des trente années précédentes, « les trente piteuses » pourrait-on dire, dont elles constituent le rattrapage. La période actuelle renoue avec l'évolution tendancielle qu'on a connue jusqu'à la 1ère guerre mondiale. La conclusion de ces observations est que la question de la périodisation de l'activité économique est cruciale pour l'interprétation qu'on en fait.

Depuis les années 70, la France a connu 4 années non consécutives de croissance négative, c'est-à-dire de récessions : 1975, 1993, 2009 et 2020. Elles sont trop limitées dans le temps et de trop faible amplitude pour être visible sur le graphique centennal de la croissance en niveau, mais elles sont parfaitement identifiables sur la courbe des taux de croissance représentée ci-dessous. Ces données permettent une périodisation en cycles de plus courte durée que les cycles identifiés précédemment, de l'ordre de la dizaine d'années. On les évoquera de manière plus détaillée plus loin. Auparavant on s'intéresse aux facteurs de la croissance.

Graphique 19 : Taux de croissance du PIB en volume

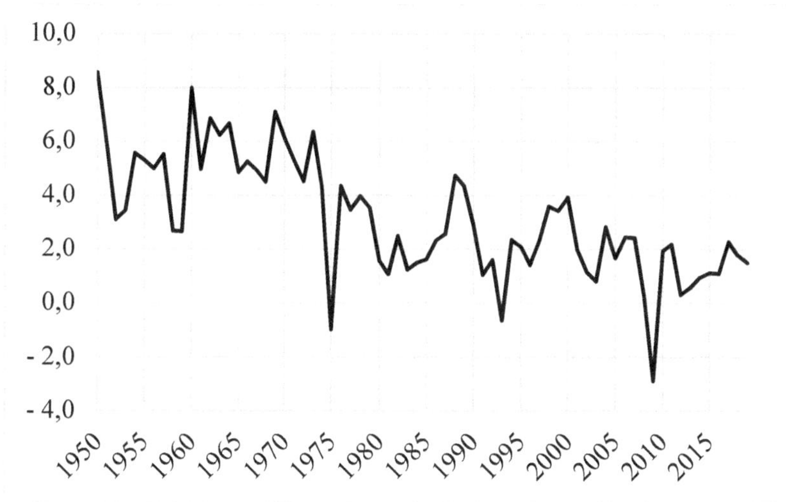

Source : données INSEE

3 La croissance résulte de l'accumulation du capital

La croissance est celle de la production mesurée par la valeur ajoutée. La production est issue de la mise en œuvre de facteurs de production qu'on ramène souvent à deux, le capital et le travail. Le capital est composé des bâtiments (mais non les sols qui les supportent) et des équipements, machines et autres, qu'ils abritent. Il s'agit donc bien ici du capital et non du patrimoine tel qu'on l'a défini antérieurement. Le travail est celui fourni par les personnes, ouvriers, contremaître, techniciens, cadres et dirigeants d'entreprise.

Une fois produite, la production est ventilée en deux parties. L'une est consommée et, de ce fait, disparaît dans un délai assez court. L'autre est épargnée et investie pour venir s'ajouter au capital existant dans un processus d'accumulation. C'est ce capital supplémentaire qui est à l'origine du supplément de produit qui représente la croissance. La croissance est donc la résultante de l'accumulation du capital.

La mise en œuvre du capital supplémentaire nécessite aussi le plus souvent du travail supplémentaire. La croissance du travail est une résultante de la dynamique d'accumulation du capital. On représente cette dynamique d'accumulation dans le schéma suivant, en économie réelle, c'est-à-dire sans prise en compte de phénomènes monétaires et financiers, et en économie fermée, c'est-à-dire sans échanges extérieurs.

Dynamique en économie réelle et fermée

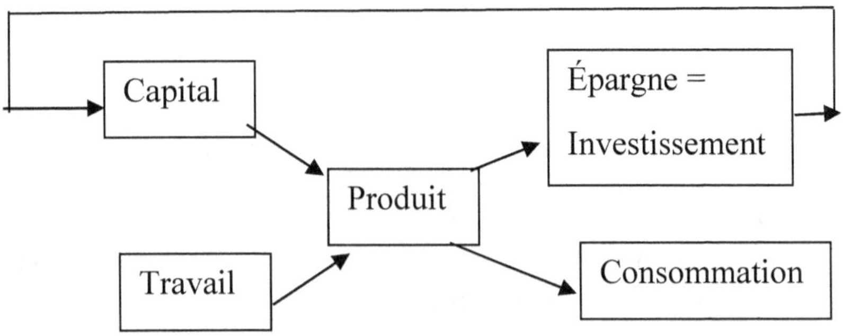

Cette dynamique a été formalisée par Robert Solow[47], ce qui lui a valu le prix Nobel de sciences économiques en 1987. Pour l'illustrer, les économistes font quelques fois

[47] « A Contribution to the *Theory of Economic Growth* », Quarterly Journal of Economics, vol. 70, n° 1, 1956, p. 65–94.

référence à la situation de Robinson Crusoé. Il vit de noix de cocos qu'il plante et qu'il peut consommer[48]. Il arbitre entre consommation et investissement en consommant une partie de sa récolte et en plantant le reste. La plantation constitue un investissement lui permettant de produire plus. Il peut choisir de consommer plus mais il lui restera moins pour planter, c'est-à-dire investir, et il aura une moindre production ultérieurement. Inversement il peut épargner davantage pour investir et produire davantage et consommer plus ultérieurement. La relation quantitative entre les facteurs de production et le produit constitue la *fonction de production.*

Quand on confronte cette conception théorique avec les faits on s'aperçoit que l'accumulation du capital privé ne permet d'expliquer qu'une partie de la croissance. Par exemple sur la période 1980-1995 l'accroissement des facteurs de production explique 1 point de taux de croissance. Reste un autre point de taux qui résulte d'un facteur exogène, autre que l'accumulation du capital privé et le recours à davantage de travail. Solow considérait que ce reste, qu'on a appelé « le résidu de Solow » consiste dans le progrès technique. Comme il n'est pas incorporé au capital privé, on le qualifie d'exogène. Plus récemment on l'a imputé à des éléments de l'environnement économique et social, que ce soit le cadre institutionnel, les services publics, les équipements publics, la formation des personnes etc. L'explication par des éléments de contexte notamment public a donné le nom de croissance endogène à cette conception théorique. En définitive la croissance résulte de l'accumulation du capital qui s'inscrit dans la dynamique économique et du progrès technique qui résulte

[48] On suppose qu'il peut consommer sans limite de satiété

d'une autre logique constituant, soit un phénomène extérieur, soit un phénomène qui dépend de facteurs eux-mêmes largement corrélés à la croissance.

La croissance résultant de l'accumulation du capital peut laisser penser que plus d'investissement permet d'obtenir plus de produit et qu'on a donc intérêt à investir le plus possible. En réalité ce n'est pas le cas parce que l'accroissement de produit qui résulte d'un accroissement de capital est de plus en plus faible quand le capital croît. En termes économiques, on dit que la productivité marginale du capital est décroissante, mais sans devenir négative. Or la productivité marginale du capital est ce qui fait qu'en investissant 100, on obtient un peu plus que 100 de produit. C'est donc le taux de croissance. Si la productivité marginale du capital est décroissante, il existe un montant de capital optimal, au sens où il maximise la consommation par tête. En effet si l'investissement est trop important, la croissance va se ralentir par suraccumulation du capital ce qui conduira à moins investir si l'on veut maintenir le niveau de consommation.

Sur le long terme, le capital est à peu près proportionnel à la production comme le montre le graphique ci-dessous. Il représente le PIB en volume en fonction du capital fixe net de l'ensemble de l'économie nationale. Le rapport entre le PIB et le capital définit le coefficient de capital qui apparaît stable à long terme. L'ajustement linéaire de la relation entre le PIB et le capital fixe net fait apparaître qu'un accroissement d'un milliard de capital fixe permet d'accroître la production de 0,3 milliard €. Le capital requis pour produire un milliard de production est l'inverse du chiffre précédent soit 3,3 environ. C'est le coefficient de capital. Dans une analyse plus fine de la contribution du capital à la croissance on prend aussi en compte le taux d'utilisation des capacités de production, c'est-à-dire du capital.

Graphique 20 : PIB et capital (en milliards d'euros)

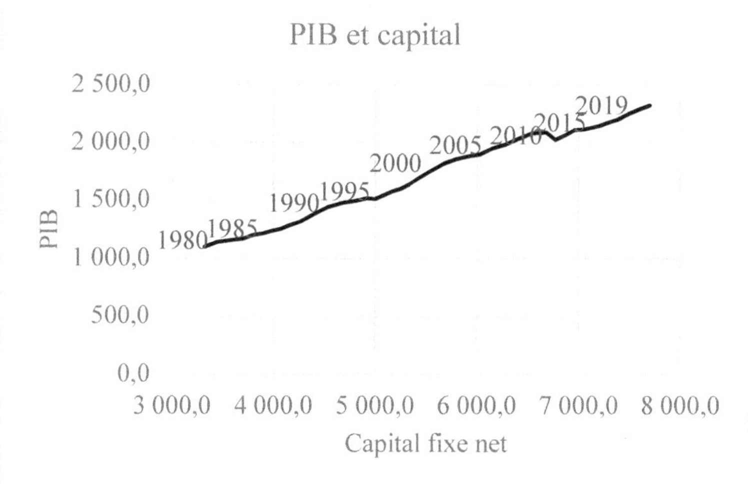

Source : données INSEE

Cette stabilité du coefficient de capital est ce qu'on appelle un des « faits stylisés de la croissance », c'est-à-dire une des caractéristiques avérées de la croissance. Cela signifie que lorsqu'on conceptualise le phénomène de croissance pour l'expliquer sous la forme d'un modèle, la constance du coefficient de capital doit être prise en compte, soit comme une donnée, soit comme un résultat issu du modèle. De la proportionnalité de la production au capital résulte le fait que le taux de croissance de l'économie à long terme est aussi celui du capital. Comme la consommation est aussi, en tendance, proportionnelle à la production, le taux de croissance est aussi celui de la consommation. Cela signifie enfin que l'économie, soumise aux forces qui viennent d'être identifiées, n'a pas tendance à évoluer de manière endogène vers une situation explosive par l'évolution du coefficient de capital ou par une tendance à l'absorption croissante de la production par la consommation ou par l'investissement. Elle tend à long terme à évoluer selon un « sentier de croissance équilibré ».

4 Croissance et emploi

La croissance, qui passe par une extension des capacités de production, nécessite aussi davantage de travail. Mais les investissements peuvent aussi être des investissements de productivité qui vont conduire à une réduction des besoins en main d'œuvre. La liaison n'est donc pas aussi directe qu'avec le capital[49]. Au total, si l'on considère la relation de la production et du total des heures travaillées sur les 70 dernières années (cf. graphique ci-dessous), on constate plutôt une déconnexion de la croissance du PIB et du travail. Le PIB a augmenté de manière à peu près continue sur cette période alors que le nombre d'heures travaillées a connu deux phases d'évolutions inverses. De la 2ème guerre au milieu des années 80 le travail a diminué en tendance, à un rythme faible au début, plus rapide à partir de 1981. C'est la période pendant laquelle la croissance a été la plus forte. La quantité de travail atteint un creux en 1985. Depuis cette date elle augmente en tendance mais de manière assez heurtée avec un certain ralentissement depuis 2008.

---

[49] Elle s'en rapproche si l'on prend en considération le taux d'utilisation du capital, c'est-à-dire des capacités de production, qui joue en partie pour le capital le rôle de la durée du travail pour le travail.

Graphique 21 : Production et emploi

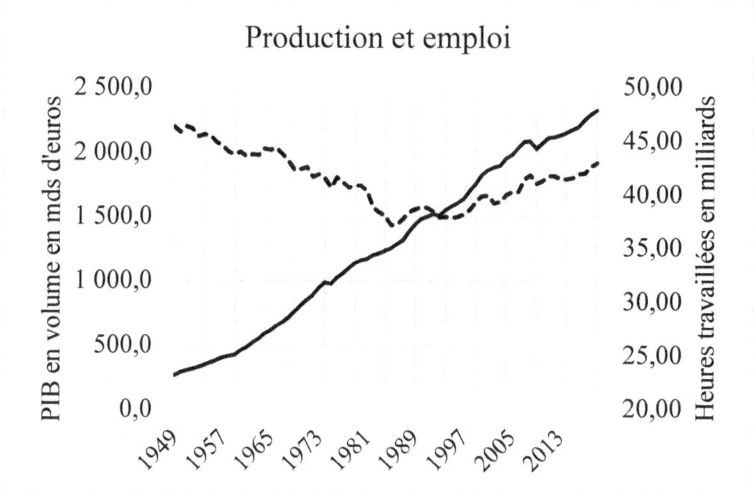

Source : données INSEE

Qu'est-ce-qui explique cette évolution ? Le lien entre la production et la quantité de travail est la productivité du travail. La croissance forte et la moindre quantité de travail dans la période 49-85 n'ont été possibles qu'au prix d'un accroissement de cette productivité. Inversement, depuis les années 80, une moindre croissance et davantage du travail sont le résultat d'un ralentissement de la croissance de la productivité.

Une des raisons de ce ralentissement est l'orientation de l'économie vers des activités où la productivité est moindre, celle des services, relativement aux activités de production agricole, industrielle ou de construction. Depuis la guerre le poids de l'agriculture a diminué ainsi que celui de l'industrie, tandis que le poids des services a considérablement augmenté pour atteindre 80% du PIB (graphique 22). Il faut nuancer en observant que des activités de service qui étaient assurées au sein des entreprises industrielles et donc comptabilisées dans ces activités, ont été externalisées et sont donc désormais comptées dans les branches des services. Il n'en reste pas moins que les services ont vu leur part augmenter de manière très significative. Or les activités dont la productivité a le plus augmenté sont, dans l'ordre, l'agriculture, l'industrie et les services (cf. graphique 23). Autrement dit l'économie se développe vers les branches où la productivité du travail est la plus faible.

Graphique 22 : Valeur ajoutée des branches

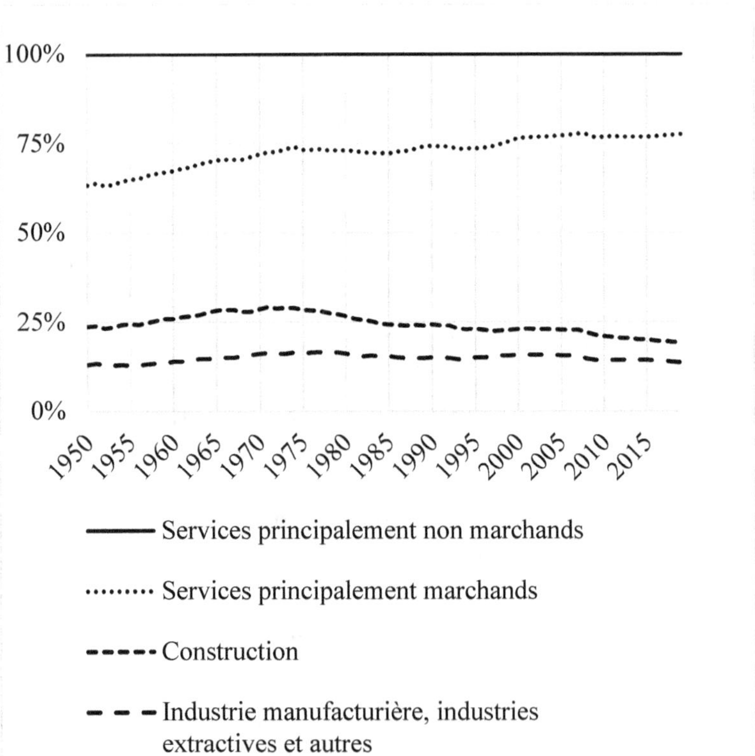

Source : Comptes de la Nation de l'INSEE

Graphique 23 : Productivité horaire du travail

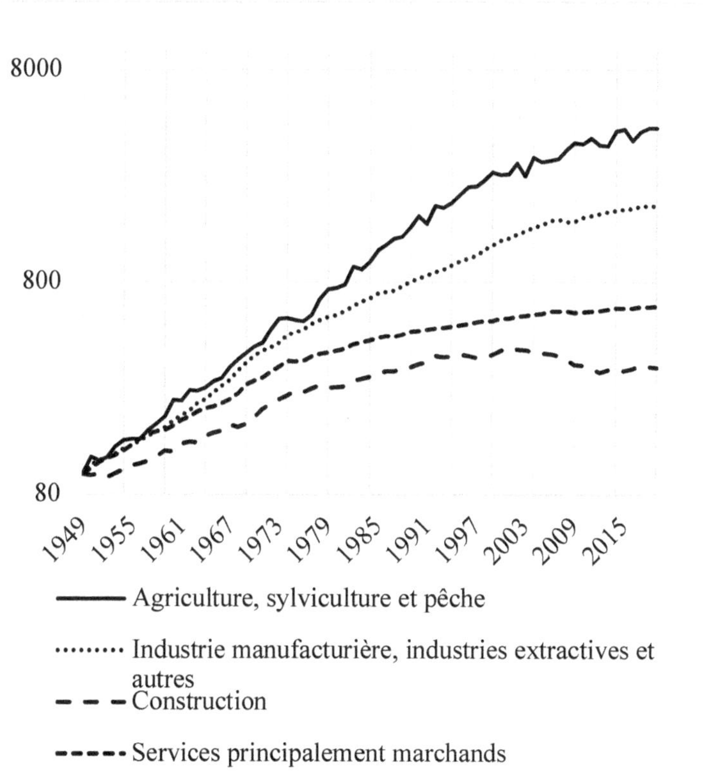

Source : données INSEE

Cette évolution de la quantité de travail a une incidence sur l'emploi. On passe des heures travaillées aux emplois en considérant la manière dont le travail est réparti entre les personnes qui travaillent. Pour raisonner en emplois de même durée de travail, en l'occurrence en équivalents temps-plein, on convertit en temps-pleins les emplois à temps partiel. Le passage des heures travaillées aux emplois dépend de la durée moyenne du travail. Plus précisément le nombre d'emplois est la résultante des besoins en travail des employeurs, qui se manifestent dans le nombre des heures travaillées, et de la durée annuelle moyenne du travail qui est encadrée par la réglementation et les accords professionnels.

Selon l'INSEE, « entre 1950 et 2016, la durée annuelle du travail de l'ensemble des salariés a diminué de 23 % en France. Jusqu'au milieu des années 1960, cette durée a peu varié, et c'est à partir de 1965 et jusqu'en 1982 qu'une part importante de la baisse intervient, en grande partie en raison de réductions collectives (4e semaine de congés payés en 1968, 5e semaine et 39 heures en 1981). La durée du travail s'est à nouveau repliée dans les années 1990 avec l'accroissement du temps partiel puis avec le passage à 35 heures, avant de se stabiliser à partir de 2002[50]».

Sur le graphique suivant on a représenté le volume des heures travaillées en fonction du nombre d'emplois. La variable qui relie l'un à l'autre est la durée annuelle moyenne du travail. On observe bien l'existence des deux périodes identifiées précédemment, la première qui va de la fin de la guerre à 1985 et la seconde depuis 1985. La première période montre une baisse des heures travaillées et une croissance du nombre d'emplois. Cela a été rendu possible par la baisse de la durée annuelle du travail. Celle-ci a été modérée jusqu'au milieu des années 60, puis s'est accélérée dans la période 80-85 avec la nouvelle réglementation du travail.

[50] Durée et organisation du travail, INSEE Références, 27/02/2018.

Graphique 24 : Heures travaillées et emplois

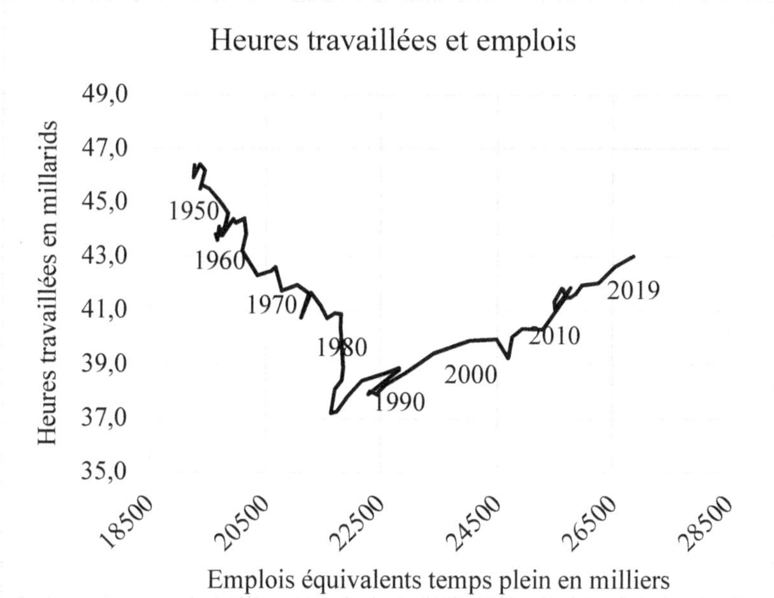

Source : données INSEE

Dans la phase plus récente, depuis 1985, le volume d'heures travaillées croît alors que la durée annuelle moyenne du travail continue à décroître mais à un rythme moindre, ce qui contribue à faire augmenter le nombre d'emplois. L'augmentation des heures travaillées s'accentue depuis 2002 avec une moindre croissance du nombre d'emplois du fait de la stabilisation de la durée annuelle moyenne du travail.

En définitive depuis la guerre le nombre d'emplois n'a cessé d'augmenter mais ce phénomène est la résultante des évolutions contrastées de la quantité de travail et de la durée moyenne du travail.

5 Le travail « exploite » le capital

La liaison entre la production et l'emploi s'opère par la productivité du travail. Elle indique quelle quantité de produit résulte d'une unité de travail. Elle peut se mesurer par la productivité moyenne : c'est le rapport de la production à la quantité totale du facteur de production considéré ou l'inverse. La productivité apparente du travail a explosé puisque le nombre d'heures travaillées a peu augmenté passant de 40,8 milliards d'heures à 42,1 alors que le PIB a crû dans des proportions considérables. Le nombre d'heures travaillées en 2015 est égal à celui de 1970 tandis que le PIB a été multiplié par 3. Autrement dit la productivité du travail mesurée par le PIB par heure travaillée a été aussi multiplié par 3.

En réalité, en effectuant ce calcul on impute au travail des gains de productivité qui sont plutôt dus au capital. C'est en effet parce que le capital a été accumulé que la productivité apparente du travail a augmenté. Quand on remplace 10 ouvriers par un robot contrôlé par une seule personne, on va constater que la productivité du seul ouvrier employé à cette tâche a augmenté. En réalité, le travail de l'ouvrier s'est plutôt allégé et c'est le capital investi en robot qui est à l'origine de l'accroissement de sa productivité. Cette augmentation a pris la forme de l'automatisation.

En divisant la production par la valeur du capital qui en est à l'origine, on impute donc au travail des gains de productivité qui résultent de l'accumulation du capital. Si ces gains n'apparaissent pas dans les chiffres comme provenant du capital, c'est parce que le capital est évalué par sa valeur qui est égale à son coût de production plus une marge. Or celui-ci diminue avec les mêmes gains de productivité que ceux affectant la production globale. Le travail en revanche est mesuré en données physiques, c'est-à-dire en heures ou en emplois et non pas en données économiques c'est-à-dire en valeur comme pour le capital. Ce faisant on impute au travail les gains de productivité issus de l'accumulation du capital. Comme le travail est rémunéré sur la base de cette productivité sa rémunération augmente.

Finalement la situation est l'inverse de celle que décrit Marx selon qui c'est le capital, en l'occurrence le capitaliste, qui perçoit la différence entre la valeur du produit et le salaire considéré comme réduit à son strict minimum. Avec la croissance, le capital a continué à être rémunéré à son coût plus une marge tandis que les travailleurs ont encaissé les gains résultant de l'amélioration générale de la productivité. Ce sont donc les travailleurs qui sont les bénéficiaires de la plus-value apportée par le capital. On peut dire en quelque sorte que c'est le travail qui « exploite » le capital et non l'inverse.

6 Les quatre récessions depuis 1945

Dans l'évolution économique les économistes ont l'habitude de distinguer la croissance d'une part et les cycles d'autre part, qui font l'objet de deux enseignements différents. Concrètement on considère que les cycles, qui constituent aussi ce qu'on appelle aussi la dynamique de court terme[51] ou la conjoncture, consistent en fluctuations autour d'une évolution de long terme, la croissance. Dans

---

[51] Il n'est pas question ici des cycles longs qu'on a évoqués en début de chapitre, dits quelque fois cycles Kondratieff qu'on impute à des flux d'innovations.

la pratique quand on s'intéresse au taux de croissance du moment, on le compare à ceux des périodes précédentes et on qualifie le tout de croissance. En fait la croissance (de long terme) n'est qu'une partie de ce taux dont il faudrait séparer la conjoncture. La seule composante temporelle qui est parfois extraite est les variations saisonnières quand on disposent d'observations infra-annuelles. On a alors des données corrigées des variations saisonnières (CVS). On ne dispose pas de données corrigées des fluctuations de court terme parce qu'il n'y a pas de consensus sur la durée des cycles.

Distinguer la croissance des cycles ou de la conjoncture se justifie par le fait qu'on leur donne des explications différentes. Comme on l'a vu, la croissance résulte de l'accumulation du capital privé et public, physique et humain. L'explication des cycles est davantage débattue. L'idée plutôt dominante est qu'ils résultent de chocs. Un choc entraîne une variation de l'activité économique momentanée qui retourne à l'équilibre après un délai plus ou moins long une fois que les effets du choc sont absorbés. Un tel choc peut consister dans n'importe quel phénomène extérieur à la sphère économique telle qu'elle est théorisée par les économistes. C'est par exemple le cas de chocs pétroliers, de choc épidémique, etc. Les chocs peuvent consister aussi dans une action des instances publiques sur les deux instruments fondamentaux de la politique conjoncturelle, le budget et la monnaie. Le choc marque le début du cycle. Quand il est positif il entraîne une augmentation des prix et des volumes qui constitue la phase d'expansion du cycle. Celui-ci atteint un sommet, un pic, qui est un point de retournement, constitutif d'une crise, avec une contraction des prix et des volumes pour atteindre un creux avant le retour à l'évolution tendancielle et l'apparition éventuelle d'un nouveau cycle.

Depuis Keynes on sait que le retour à l'équilibre n'est pas nécessairement automatique et qu'il peut être opportun, dans la phase de contraction du cycle, de mettre en œuvre des mesures de soutien de l'activité économique, mesures budgétaires sous la forme d'un choc de dépenses et/ou mesures monétaires sous la forme de baisse des taux d'intérêt et d'élargissement du financement des activités. Ces interventions doivent être conjoncturelles et abandonnées dès la sortie du cycle. On y reviendra dans le chapitre suivant.

Depuis la deuxième guerre mondiale la France a connu quatre années non consécutives de récession c'est-à-dire où le taux de croissance annuel a été négatif : 1975 (-1,0%), 1993 (-0,6%), 2009 (-2,94%) et 2020 (–8,3%). On peut définir des périodes de récession plus nombreuses en observant le taux de croissance trimestriel. L'identification des récessions dépend donc du degré de finesse temporelle des observations. Ici on se limitera aux données annuelles. On constate aussi qu'il n'y a pas eu de récession au sens de croissance négative entre 1945 et 1975 bien qu'il y ait eu des ralentissements sévères en 1952-1953 avec la guerre de Corée et en 1958-1959. Dans ces périodes, le taux de croissance courant était suffisamment élevé pour que les ralentissements d'activité ne le ramènent pas en dessous de zéro. A partir de 1970, le rythme de croissance tendanciel devient plus faible, ce qui conduit les ralentissements à se manifester par des récessions. Autrement dit l'existence de récessions au sens de contraction de l'activité jusqu'à rendre le taux de croissance négatif dépend du taux de croissance tendanciel.

La première récession est due aux chocs pétroliers, les deux suivantes sont liées, sinon dues, à des crises immobilières. La dernière est une résultante de la crise sanitaire de la Covid-19. Observons que les récessions peuvent être la résultante immédiate d'un choc, qui est alors un choc négatif comme le choc pétrolier de 1973, ou le contrecoup d'un choc positif comme la crise financière de 2008.

L'année 1973 est à la fois celle d'un changement de rythme tendanciel de croissance et l'année du premier choc pétrolier, si bien que le second phénomène a occulté le premier. Le choc pétrolier s'est manifesté par un renchérissement du prix du pétrole qui a entraîné un accroissement du prélèvement des pays producteurs sur la richesse produite dans les pays consommateurs lesquels se sont appauvris. Deux conséquences s'en sont suivies : une propagation de l'inflation à l'ensemble des produits et un changement dans la répartition de la valeur ajoutée entre l'étranger et la France et entre agents économiques domestiques.

Le choc pétrolier s'est répété en 1979 dans des proportions beaucoup plus importantes. Au milieu des années 80 les prix du pétrole ont connu une baisse sensible pour se stabiliser à un niveau inférieur au pic de 1979 mais supérieur à celui d'avant 1973. Parallèlement les pays consommateurs ont mis en place des politiques de résorption de l'inflation qui ont fini par produire leurs effets au milieu des années 80. Dans cette évolution, pour compenser le prélèvement sur les revenus que représente le renchérissement du pétrole, les ménages ont obtenu une plus grande part de la valeur ajoutée produite au détriment des entreprises (cf. graphique 5 : répartition de la valeur ajoutée) et ils ont aussi ponctionné leur épargne.

Graphique 25 : Taux de croissance

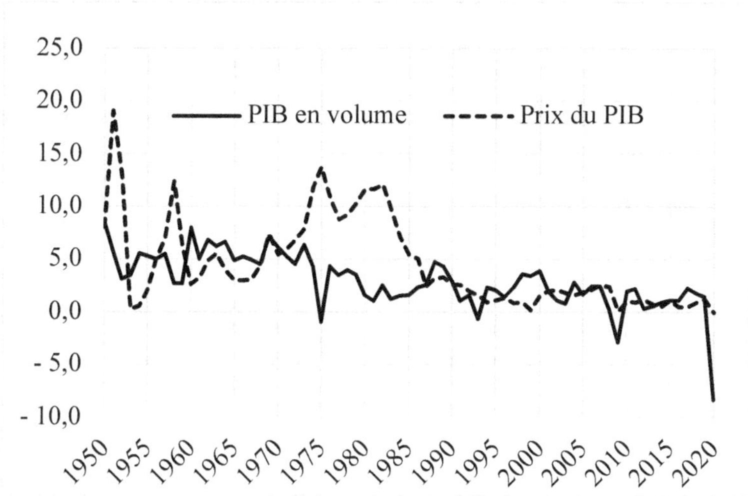

Source : données INSEE

Le choc pétrolier a pris la forme d'une augmentation du prix de l'énergie qui s'est transmise à l'ensemble des autres secteurs d'activité pour atteindre près de 14% au plus fort de l'inflation. L'absorption des chocs et contrechocs a pris plus de 10 ans. Il a fallu attendre 1987 pour voir l'inflation ramenée à moins de 3%.

La seconde récession, celle de 1993, est une composante du cycle immobilier des années 85-99. Ce cycle est la conséquence de la sortie du cycle précédent avec la chute de l'inflation. Les actifs immobiliers constituaient jusqu'alors un bon rempart contre l'inflation parce que leur prix se revalorise avec l'inflation. Avec la chute de l'inflation les actifs financiers retrouvent leur attrait. Les investisseurs immobiliers au sens restreint du terme, c'est-à-dire les propriétaires bailleurs, réaffectent leur patrimoine en vendant les logements locatifs pour réinvestir dans les actifs financiers. Ceci provoque une contraction du parc locatif privé qui entraîne une augmentation des loyers laquelle ramène le rendement de l'immobilier au niveau de celui des autres actifs. Ce phénomène s'est accompagné d'un accroissement des transactions du fait de l'achat de logements locatifs par de nouveaux propriétaires occupants. On peut donc parler de « cycle du statut d'occupation ». Les achats de logements antérieurement locatifs par des ménages qui visent à les occuper eux-mêmes ont pu prendre la forme de « ventes à la découpe » avec l'intervention de marchands de biens. Ils achètent un immeuble en bloc et le revendent par appartement. Ces transactions ont pu donner l'illusion d'un choc de demande ce qui a entraîné une dynamique de croissance des prix. L'emballement spéculatif a conduit le système bancaire à prendre des risques, dont certaines banques ne se sont pas relevées, telles le Crédit Foncier et le Crédit Lyonnais. Le marché est revenu à l'équilibre à la fin des années 90. Par sa nature ce cycle a été différencié spatialement, plus accentué là où le parc immobilier locatif était le plus important, notamment à Paris mais aussi dans d'autres régions du globe.

Le début du 21ème siècle amène un nouveau cycle qui comporte une sévère récession en 2009 et qui concerne aussi le secteur immobilier. Cette récession qui constitue une crise ne marque pas le début du cycle. Il ne s'agit pas « d'un coup de tonnerre dans un ciel serein », mais d'une correction à la suite d'un choc antérieur. Le cycle résulte d'un choc de crédit émanant du secteur bancaire au début des années 2000. La situation se caractérise alors par des taux d'intérêt bas et une abondance de liquidités. Elle n'est pas satisfaisante pour les banques puisque le taux d'intérêt est le prix qui doit leur permettre de couvrir leurs coûts. Or ceux-ci sont plutôt des coûts fixes, hors le coût de l'argent. Pour compenser les taux bas, les banques se sont lancées dans une politique d'accroissement des volumes, comme le font par exemple les producteurs de lait en augmentant leur production en période de baisse de prix du lait. En France l'accroissement des volumes de crédit s'est fait principalement dans le domaine de l'immobilier et en direction des mêmes ménages que ceux auxquels les banques prêtaient antérieurement. Simplement elles leur ont prêté davantage, plus précisément deux fois plus, en l'espace de quelques années. Cet accroissement des montants prêtés s'est effectué sans accroissement du taux d'effort[52]. Ceci a été rendu possible par l'allongement de la durée des prêts pour lesquels il existait une marge de progression. La baisse des taux a fait le reste.

Dans d'autres pays, anglosaxons notamment, où de telles marges n'existaient pas, l'extension du crédit s'est opérée en direction des ménages plus modestes, donc plus risqués, ce qui a conduit à la crise. En Espagne c'est en direction des promoteurs que s'est faite l'expansion du crédit. Dans d'autres pays encore c'est en direction des états qu'elle s'est opérée, comme en Grèce ou en Italie.

La crise de 2008 est une des conséquences de l'intervention des banques centrales qui, pour calmer cette dynamique des prix, ont renchéri le coût du crédit. Après avoir augmenté les taux durant plusieurs années, cette politique a fini par produire son effet qui a été la « crise de 2008 ». Au vu de cette crise, les banques centrales ont alors inversé leur

---

[52] Tout ceci est fondé sur les données statistiques de l'Autorité de Contrôle Prudentiel et de Résolution en charge du contrôle du système bancaire. Pour de plus amples détail voir du même auteur « Marché du logement et aides publiques », L'Harmattan, 2017.

politique en abaissant les taux jusqu'à les ramener en dessous de zéro et en abreuvant les économies de liquidités. Elles ont finalement contribué à relancer la dynamique du crédit qui a produit les effets contre lesquels elles luttaient précédemment. Nous sommes toujours dans cette phase actuellement. La nature de l'intervention des banques centrales confère à la situation actuelle l'allure d'une impasse.

On n'est pas encore sortis de ce cycle que la pandémie du Covid-19 frappe la plupart des économies dans le monde. Pour lutter contre la contamination beaucoup de pays ont mis en œuvre des mesures de confinement d'une large partie de la population et/ou d'interdiction de certaines activités économiques parmi lesquels la restauration, les spectacles et autres loisirs. En France beaucoup des personnes actives ont été mises en chômage partiel. Il s'est ensuivi que de nombreuses entreprises ont été amenées à suspendre leur activité par défaut de main d'œuvre puis par défaut des matériaux et services nécessaires à la production ou par interdiction. Cette politique a constitué un choc négatif sur l'activité économique et conduit à une quatrième récession.

Pour en apprécier la portée on l'a quelques fois comparé à la crise de 2008 ou à celle de 1929. La comparaison n'est pas des plus pertinentes. En effet ces crises sont des crises économiques, c'est-à-dire des crises dont l'origine est dans l'économie. En second lieu les crises de 2008 ou de 1929 ne marquent pas le début du cycle. Ces crises sont un moment d'un cycle résultant d'un choc antérieur.

En fait le choc a l'origine de la crise n'est pas économique, à la différence des chocs précédents. C'est un choc sanitaire. Si, selon l'expression du président de la république, dans le cas de l'épidémie de Covid-19, « nous sommes en guerre »[53], la comparaison la plus pertinente de l'état économique actuel avec une situation antérieure est bien celle d'une situation de guerre et plus particulièrement celle de la 2ème guerre mondiale. Au début de la guerre l'invasion allemande a provoqué une évacuation et un exode massif de la population de la moitié nord de la France. Ce départ ainsi que la mobilisation des soldats se sont ajoutés aux difficultés d'approvisionnement et ont conduit au ralentissement, voire à l'arrêt de l'activité de la zone nord. En 1940, si on en croit les données de Pierre Villa, le PIB s'est contracté de plus de 20%. Après un redressement partiel, il a plongé une nouvelle fois en 1944 pour passer en dessous du niveau le plus bas depuis la guerre 14 (cf. graphique PIB à long terme). Il s'est redressé dès la fin de la guerre et en 1947 le PIB retrouvait son niveau de 1939.

Avec la crise de la Covid-19 il est difficile d'évaluer la contraction du PIB *ex ante*. L'estimation de chute du PIB en 2020 est de l'ordre de 8,3% avec un fort rebond attendu pour 2021 comme on en a connu un en 1945 après la contraction de 1944. Avec la Covid la question est de savoir comment sera réparti le poids de la contraction de l'activité économique entre les ménages, les entreprises et les administrations publiques. Il est clair que la contraction de l'activité est différenciée selon les secteurs. De fait tout indique que l'État va jouer son rôle d'assureur en dernier ressort en supportant l'essentiel du manque à gagner. Mais cette intervention est financée par de la dette supplémentaire qu'il faudra rembourser ultérieurement. Par

[53] Intervention du 16 mars 2020.

conséquent ce seront les générations ultérieures qui supporteront l'essentiel du coût.

7 Croissance et mondialisation

A la fin du 20ème siècle, la croissance économique a été associée au phénomène de mondialisation. Littéralement parlant, le terme exprime le fait qu'un phénomène devient mondial. C'est donc la dimension géographique ou spatiale des phénomènes qui est d'abord désignée. De quel(s) phénomène(s) s'agit-il ? Beaucoup de phénomènes sont concernés par la mondialisation dans le seul domaine couvert par les sciences sociales. En réalité, la mondialisation est d'abord un phénomène économique qui est concomitant ou à l'origine de la mondialisation des autres phénomènes, comportements, mentalités, pratiques etc.

La mondialisation économique consiste dans l'extension géographique des marchés à (presque) l'ensemble du monde. Dans ces conditions il serait plus exact de parler de marchéisation du monde, ou d'extension du domaine des marchés. Remarquons aussi que l'extension du domaine des marchés n'est pas que géographique dans les pays les plus développés. Elle concerne aussi des activités qui relevaient il y a quelques décennies d'une production antérieurement prise en charge ou très réglementée par les pouvoirs publics. C'est notamment le cas d'un certain nombre de services publics qui ont été ouverts à la concurrence, tels que le transport ferroviaire, la distribution de l'énergie et de l'eau ou encore la fourniture d'accès au téléphone. Il y a donc eu aussi un phénomène de marchéisation par la déréglementation qui s'est réalisé parallèlement à la mondialisation.

En ce qui concerne les mécanismes économiques, le périmètre géographique où ils sont à l'œuvre importe peu. Ceux qui sont à l'œuvre dans la mondialisation sont de même nature que ceux observables avant ou ailleurs. Elle n'a donc pas une signification particulière de ce point de vue. En revanche, le phénomène importe dans la réalité de la vie des zones concernées et des personnes qui y habitent. Concrètement elles ont connu un développement économique considérable qui a sorti des milliards d'individus de la misère et les rapproche des standards de niveaux de vie occidentaux. Que l'on pense à la croissance de la Chine et aux autres pays asiatiques ! En contrepartie il est vrai que ce développement a apporté de nouveaux problèmes, notamment sous la forme d'atteintes à l'environnement.

Par ailleurs la mondialisation a une signification forte par ce qui l'a provoqué et ce qu'elle révèle. Ce qui l'a provoqué est la disparition du communisme. Il faut noter que sa disparition ne résulte pas d'une action extérieure. Elle a été obtenue sans intervention du « capitalisme », par simple délitement interne. Ce que révèle la mondialisation est qu'il n'y a plus d'alternative à l'économie de marché. La mondialisation n'est rien d'autre que l'expression du triomphe de l'économie de marché sur la plus grande partie de la planète. Ce mode d'organisation de la production des biens et service s'est révélé plus efficace que toutes les autres organisations connues à ce jour de la production et de la répartition des biens et services, notamment plus efficace que l'économie centralisée. On notera qu'on a parlé d'économie de marché pour désigner ce qui est qualifié de capitalisme à l'Ouest mais d'économie socialiste de marché en Chine.

Du point de vue des mécanismes économiques, le ressort de la mondialisation est la spécialisation internationale. Certains pays se spécialisent dans certaines activités parmi celles qui sont délocalisables, c'est-à-dire plutôt la production des biens. En l'occurrence les pays émergents dont les coûts de main d'œuvre sont plus faibles se spécialisent dans les activités fortement consommatrices de main d'œuvre et productrices de biens et services susceptibles d'être exportés. C'est le cas de la production de biens manufacturés qui a conduit à faire de la Chine « l'usine du monde », selon l'expression consacrée. La spécialisation géographique qui constitue le ressort de la mondialisation n'est pas nouvelle. Elle a été théorisée par David Ricardo qui la fonde sur les avantages comparatifs dont peuvent bénéficier les différents pays. La spécialisation entraîne un redéploiement géographique des activités économiques et corrélativement une augmentation des échanges internationaux. C'est cette spécialisation et l'accroissement des échanges internationaux qui a soutenu la croissance. En France le poids des exportations dans le total des ressources a ainsi augmenté de 5 points depuis 2000, passant de 20,2 à 24,2%. Le poids des importations a connu une évolution similaire. L'Union Européenne représente 60% de ces échanges, ce qui tend à prouver que la spécialisation ne repose pas uniquement sur un écart de coût de main d'œuvre.

8 Les nouvelles formes de l'activité économique

Récemment sont apparues de nouvelles activités économiques ou d'autres déjà existantes ont pris de nouvelles formes. Reste à identifier comment elles se situent par rapport au phénomène de croissance. Sont-ce des relais ou des alternatives à la croissance ? Bon nombre de ces formes nouvelles ont été permises par le développement d'internet et notamment de plateformes où se rencontrent l'offre et la demande. Elles sont quelquefois réunies sous le qualificatif d'économie collaborative ou de partage, privilégiant des relations et une organisation horizontales, d'égal à égal, plutôt que verticales et hiérarchisées. Outre les considérations économiques (modération des dépenses, limitation voire suppression des intermédiaires), elle s'appuie principalement sur des valeurs de lien social et d'écologie, et valorise l'usage au détriment de la possession.

L'économie collaborative se développe dans tous les secteurs d'activité[54]. C'est le cas du logement avec les locations entre particuliers, les colocations, les échanges d'appartement, l'habitat participatif. Dans le transport se développent la location de véhicules entre particuliers, l'échange ou revente de billets de transport, le covoiturage, la livraison collaborative, le recours aux voitures de tourisme avec chauffeur (VTC). Dans l'alimentation, elle se manifeste sous la forme de groupements de consommateurs, du développement de la vente directe des agriculteurs, souvent bio, de co-restauration qui prend elle-même des formes diverses (prêt de salle, participation des convives à la préparation des repas, réutilisation des surplus). Elle se manifeste encore dans la vente et l'achat de matériel d'occasion, le don, le prêt, l'échange ou la location de matériel ou d'appareils. Dans le champ des services elle se manifeste sous la forme des services d'aide

---

54 https://www.vie-publique.fr/actualite/dossier/rub1859/economie-collaborative-nouveau-modele-socio-economique.html

entre particuliers (courses, bricolage, gardiennage, soins aux animaux, cours en ligne, soutien scolaire, etc.).

Cette nouvelle forme de l'économie est dite collaborative comme si l'économie traditionnelle ne l'était pas. La définition donnée ci-dessus pourrait être celle de l'économie tout court. La collaboration est bien présente dans les entreprises et institutions productrices de biens et services, que ce soit sur le mode marchand ou non. Elle est organisée dans l'entreprise dont c'est la raison d'être. Dans la forme la plus caractéristique de l'économie industrielle, la chaîne d'assemblage constitue une forme de collaboration forte. Les ouvriers collaborent à la production d'un bien. Ils sont dépendants les uns des autres pour l'avancement de la chaîne et ne peuvent pas réaliser le produit tout seuls. Collaborent également les concepteurs du produit et ses commercialisateurs. Et ceux qui organisent cette collaboration y contribuent également. On peut considérer que la mondialisation est la forme la plus aboutie de l'économie collaborative puisqu'elle associe à la production d'un bien, plus rarement d'un service, la participation d'entreprises de pays différents, et à l'intérieur de ces entreprises la participation de personnes différentes.

La différence de la collaboration de l'économie standard avec celle de l'économie dite collaborative est qu'elle est moins visible, mais ce n'est pas parce que des personnes ne se connaissent pas directement et qu'elles ne se parlent pas qu'elles ne collaborent pas. Certes la contribution de chacun y est souvent plus parcellisée, elle est aussi plus hiérarchisée. La hiérarchie joue le rôle d'intermédiaire entre les collaborateurs. Dans la version considérée comme nouvelle, la collaboration se limite le plus souvent à deux personnes.

Ce qu'on appelle l'économie collaborative n'échappe pas non plus totalement à l'économie de marché. C'est d'ailleurs le plus souvent une économie de marché. Il y a des contreparties à la fourniture de biens et services, même si ce n'est pas toujours en monnaie. L'économie collaborative correspond à de nouvelles activités qui s'installent dans les interstices de l'économie traditionnelle, voire qui reviennent à des formes plus anciennes comme le marché, sous sa forme numérique. Elles supposent souvent un petit capital, voiture outils logement et un peu de temps.

L'économie collaborative tend aussi à échapper à la réglementation qui encadre les activités et à échapper à la taxation. L'absence de réglementation est particulièrement un problème pour les services où la prestation est déjà difficile à définir. Elle l'est plus encore quand le prestataire n'a pas une qualification validée. C'est donc une économie qui peut échapper au contrôle, aux garanties, aux recours en cas de litige qu'apporte plus ou moins l'économie standard.

L'économie collaborative passe souvent par des plateformes internet. Celles-ci sont nécessaires pour mettre en relation des personnes qui ne se connaissent pas et qui fournissent ou attendent un produit ou un service spécifiques, non banalisé, comme un déplacement ou un bien d'occasion. Ce faisant elles jouent le rôle des vide-greniers ou des braderies pour la vente de biens d'occasion. La prestation fournie pas ces plateformes est rarement gratuite parce qu'elles supportent des coûts, coût d'équipement et de fonctionnement des serveurs, coût de développement des logiciels, maintenance. Ces plateformes ont une pratique de tarification tout à fait semblable à celle de l'économie traditionnelle. En définitive la rentabilité économique de ces plateformes peut être élevée ou bien l'équilibre assez précaire.

Quant à la relation qui s'établit entre les plateformes et les contributeurs, par exemple les coursiers dans certaines livraisons à domicile, elle n'est pas non plus strictement horizontale. La justice a ainsi requalifié certaines de ses relations en relation salariale.

Quelle est la contribution de cette économie collaborative à la croissance. Notons que les échanges de biens d'occasion, jusqu'aux logements, ne génèrent par eux-mêmes aucune valeur ajoutée. Le changement de propriétaire d'un bien que ce soit un logement ou un bien mobilier n'apporte pas de valeur ajoutée. Autrement dit l'échange, la vente, le don de ces biens n'apportent aucune contribution à la croissance mesurée par l'augmentation du PIB. Les transactions sur les biens existants ne génèrent de la valeur ajoutée que du fait de l'intervention éventuelle d'un intermédiaire. C'est leur activité qui est comptabilisée comme valeur ajoutée, égale à la différence entre leur rémunération et la valeur des consommations intermédiaires. La rémunération de ces intermédiaires est prélevée sur la valeur échangée ce qui fait subir une perte pour les coéchangistes mais surtout est un prélèvement sur la valeur patrimoniale ou celle du bien de consommation. Aussi quand le dirigeant du site Le bon coin expose que « Leboncoin génère pour environ 27 milliards d'euros de valeur d'échange par an, soit plus de 1% du PIB de la France »[55], il commet une double erreur en assimilant le PIB a un chiffre d'affaires alors que c'est une somme de valeurs ajoutées. Par ailleurs, par elles-mêmes, les ventes

---

[55] Capital, interview du patron du site de petites annonces LeBoncoin : "Le marché de l'occasion va dépasser celui du neuf ", 18/10/2019.

de produits d'occasion ne produisent pas de valeur ajoutée. On prend pour de la valeur ajoutée ce qui consiste en un transfert patrimonial et sa conversion en monnaie.

C'est aussi le cas lors de l'intervention d'agents immobiliers, de notaires, de plateformes de ventes sur internet. La commercialisation des biens immobiliers d'occasion ne génère pas non plus de valeur ajoutée. C'est l'intervention des intermédiaires qui en produit. Elle est évaluée à partir de leur rémunération qui consiste en un pourcentage de la valeur du bien commercialisé. Ce mode de rémunération est problématique quand le prix du bien échangé connaît la croissance qu'a connue celle des biens immobiliers. On peut en effet se demander si la valeur ajoutée par l'intervention des intermédiaires a doublé de valeur quand le prix du produit a doublé.

La vente de biens d'occasion génère des liquidités, éventuellement des plus-values, ce qui peut donner une illusion de contribution à l'économie. Parce qu'il y a génération de monnaie, monétisation, on croit qu'il y a génération de valeur. Au niveau individuel on peut avoir l'illusion de générer un revenu. En réalité ce n'est que la monétisation d'un autre élément de patrimoine. Au niveau agrégé, ces transactions ne génèrent aucun revenu parce qu'il s'agit seulement d'un transfert patrimonial ou de biens entre des détenteurs. Elles ne génèrent un revenu que pour les intermédiaires et encore ce revenu est-il prélevé sur la valeur patrimoniale du bien vendu. C'est la monétisation accrue de l'économie sans création de valeur ajoutée qui donne l'illusion de l'activité économique.

A cette dimension collaborative, s'ajoute quelques fois la dimension d'économie de la fonctionnalité. L'idée est que l'on passe de la propriété des biens à leur usage, qui peut résulter d'un prêt, d'une location, d'un échange. Il faut d'abord noter qu'en comptabilité nationale l'usage des biens de consommation durable, électroménager, outillage domestique etc. n'est pas considéré comme générant de la valeur ajoutée autre que celle due à l'acquisition du bien. De même l'usage d'une voiture à titre privé n'est pas non plus comptabilisé dans le PIB. Ce n'est qu'en cas de location, c'est-à-dire lorsqu'il y a monétisation de l'usage que la valeur de la location a vocation à être comptabilisée. Si l'on inscrit dans cette logique de fonctionnalité le leasing des voitures, le succès de cette formule tient aussi beaucoup à la faiblesse des taux d'intérêt. Le phénomène évoluera quand les taux reviendront à un niveau plus normal. La seule différence entre l'utilisation d'un bien par son seul propriétaire et sa mise à disposition à un tiers contre rémunération ou non réside dans l'existence d'économie d'échelle dans la consommation. C'est aussi celle que l'on peut trouver dans les colocations.

Une dernière forme de la nouvelle économie est l'économie circulaire. « Elle désigne un modèle économique dont l'objectif est de produire des biens et des services de manière durable, en limitant la consommation et les gaspillages de ressources (matières premières, eau, énergie) ainsi que la production des déchets. Il s'agit de rompre avec le modèle de l'économie linéaire (extraire, fabriquer, consommer, jeter) pour un modèle économique circulaire [56]». Dans ce cas également il peut s'agir d'une forme que prend spontanément l'économie traditionnelle. Utiliser des ressources locales ou recycler des biens existant localement peut s'avérer plus rentable que de recourir à des ressources

[56] https://www.ecologique-solidaire.gouv.fr/leconomie-circulaire

extérieures ou de laisser les déchets sans utilisation. La dimension circulaire de l'économie peut être aussi une finalité politique. Celle-ci peut notamment être fondée sur des considérations extra-économiques, par exemple des considérations environnementales. L'économiste n'a pas en tant que tel à défendre ou contester cette politique.

En définitive les formes considérées comme nouvelles ont toujours existé. Elles existaient notamment sous la forme qu'on appelait naguère l'économie informelle. Elles existent aussi au sein de la sphère domestique : c'est le travail réalisé par soi-même pour soi-même. Ce travail domestique a été évalué au tiers du PIB[57]. Mais il n'est pas comptabilisé dans le PIB. Il n'y a pas d'objection à ce qu'il le soit, mises à part les difficultés de mesure statistique. Actuellement le recours à des tiers au-delà du cadre familial est facilité par l'existence d'internet. Sans doute parce qu'elles sont nouvelles et font l'objet d'un certain engouement, ces nouvelles formes sont valorisées socialement. Mais la principale forme de l'économie collaborative reste l'économie traditionnelle dans les entreprises et les administrations.

Ces nouvelles formes d'activités économiques sont quelques fois présentées comme un changement radical que l'on qualifie assez curieusement du terme de transition qui laisse supposer un caractère temporaire. En réalité elles se glissent plutôt dans les interstices des formes habituelles de l'économie. Elles ne se substituent pas à ces formes. Uber n'a pas fait disparaître les taxis. Le Bon Coin n'a pas fait

---

[57] Delphine Roy « Le travail domestique : 60 milliards d'heures en 2010 », Insee Première n° 1423, 22/11/2012

disparaître les commerçants ni les vide-greniers. AirB'nB n'a pas fait disparaître les agences de location saisonnières. Elles constituent une marchandisation de ce qui autrefois, mais encore maintenant, était délivré à titre gracieux.

Ces formes nouvelles sont, ou plutôt étaient, peu encadrées, ce qui permettait des tarifs nets de charges et pas réglementés dans des professions réglementées comme les taxis. Le recours à ces nouvelles formes révèle le poids de la réglementation (taxi) et/ou des charges.

C'est une économie sans garantie, sans contrôle, sans recours. Sans garantie pour le consommateur parce sans contrôle sur le producteur et donc sans vrai recours pour non-exécution de la prestation, malfaçon, défaillance du prestataire. Elle repose sur la confiance, c'est-à-dire la prise de risque non couvert.

Que révèlent ces nouvelles formes de production et d'échanges ? Elles révèlent l'abondance de biens, de temps, voire de compétences inemployées. Abondance de biens d'abord : l'existence de particuliers opérant pour les plateformes de transport de type Blablacar sont la manifestation de la très large motorisation des ménages et de l'extension de l'utilisation de la voiture dans des conditions peu rentables (peu de passager, même pour des kilométrages importants). L'abondance sinon l'excès de logements se révèle dans le taux de vacances et dans les locations entre particuliers notamment sous la forme de locations saisonnières. L'excès de biens de consommation manufacturés est révélé par leur vente comme biens de seconde main. L'abondance de temps se manifeste dans l'existence de temps disponible pour exercer des activités comme seconde activité ou comme occupation à temps partiel afin de combler le temps libre du chômage.

Ces formes sont moins productives que l'économie formelle quand on les mesure par leur rémunération, ce qui les rend concurrentielles par rapport aux formes traditionnelles : les déplacements convenus par l'intermédiaire des plateformes dédiées font l'objet d'une rémunération sous forme de « participation aux frais ». De même les Uber et AirB'B échappent ou échappaient aux contraintes et taxes auxquelles sont soumises les locations hôtelières.

Cette économie collaborative s'inscrit dans une logique de moindre productivité qui résulte d'une certaine déspécialisation et d'une diminution des économies d'échelle. Cette dynamique conduit à une moindre croissance de l'activité économique quand celle-ci se manifeste sous ces formes nouvelles.

Ce mouvement révèle aussi une tendance à la marchéisation des activités économiques, c'est-à-dire une extension du domaine des marchés, à de nouvelles activités et à des nouveaux producteurs ou prestataires de service ou commerçants. Par cet aspect les nouvelles formes juridiques de ces activités, notamment l'autoentreprise, consistent en un retour, sinon une régression, à une époque où une plus grande partie de l'activité était réalisée par des professionnels indépendants. Elles s'apparentent plus à l'application du mode d'ordre « tous capitalistes » et à un retour vers une production par des travailleurs indépendants qu'à une révolution.

Avec la pandémie de Covid-19, le développement d'une partie de ces activités est remis en cause, notamment celles qui sont le moins indispensables, déplacements de loisirs et séjours touristiques. Il est prématuré d'indiquer si elles retrouveront leur niveau d'avant la pandémie ou non.

Chapitre 8 Les freins à la croissance

La croissance économique consiste dans l'accroissement de la production et, au-delà, de celle des revenus et de la consommation des biens et services nécessaires ou agréables à la vie. Pour autant peut-elle continuer sans limite ? Certains pensent que non. Comment imaginer une croissance infinie dans un monde fini, disent les partisans de la décroissance ?

Les limites ou les freins à la croissance sont habituellement cherchés dans les facteurs environnementaux et les inégalités. En réalité les freins actuels à la croissance résident paradoxalement dans les instruments budgétaire et monétaire qui sont utilisés comme soutiens à la croissance.

1 Y a-t-il des limites à la croissance ?

En 1972 était publié un ouvrage qui a fait date et dont le titre original était « The limits to growth », traduit en français par « Halte à la croissance ». Ce qui est évoqué comme limite est l'épuisement des ressources naturelles et/ou la mise en danger de notre écosystème notamment du point de vue climatique. L'épuisement des ressources et le réchauffement climatique seraient les obstacles à un développement durable.

Cet ouvrage reprend un raisonnement semblable à celui que Malthus avait exposé 150 ans plus tôt. Il repose sur l'affirmation que « lorsque la population n'est arrêtée par aucun obstacle (…) elle croît de période en période selon une progression géométrique… Les moyens de subsistance (…) ne peuvent jamais augmenter à un rythme plus rapide que celui qui résulte d'une progression arithmétique »[58]. L'idée est donc que la population connaît une croissance géométrique, ou exponentielle si on l'assimile à un phénomène continu, tandis que les ressources ne connaissent qu'une progression arithmétique. Ce principe est affirmé par Malthus dans le premier chapitre de son ouvrage sans autre discussion et le reste de l'ouvrage est consacré à la discussion des moyens qui permettent de limiter la croissance de la population. Ils peuvent se ramener à trois : « la contrainte morale, le vice et le malheur ». En tant que prêtre, les préférences de Malthus vont au premier moyen. Finalement, les affirmations de Malthus se sont révélées inexactes. La Grande-Bretagne a connu une croissance considérable de sa population au cours du 19ème siècle, tandis que disparaissaient les dernières crises alimentaires, grâce à la croissance encore plus considérable de la production agricole, sans compter celle des autres biens. Le discours actuel des contempteurs de la croissance repose sur le même ressort, avec un accent davantage mis sur le niveau individuel des consommations que sur le nombre de la population.

Une autre limite à la croissance est celle qu'a théorisée Karl Marx avec la baisse tendancielle du taux de profit. Selon sa conception les capitalistes recherchent le profit, or le phénomène d'accumulation conduit à une baisse tendancielle de son taux. Le taux de profit est le rapport du profit au capital investi. Le profit est égal à la plus-value extraite du travail des ouvriers Pl. Le capital investi est égal au capital constant C, c'est-à-dire les bâtiments, les machines, et les consommations intermédiaires, plus le capital variable V, que constituent les salaires. Le taux de profit s'écrit T= Pl /(C+V). On peut l'écrire aussi T = (Pl/V)

---

[58] Malthus, Essai sur le principe de population, seconde édition 1804.

/ (C/V + 1). Le taux de profit est donc égal au taux de plus-value rapporté à la consommation organique du capital plus 1. Selon Marx, par accumulation du capital, la composition organique du capital C/V augmente, ce qui fait diminuer le taux de profit, sauf si le taux de plus-value ou taux d'exploitation Pl/V augmente.

En fait, on n'observe rien de tout cela. Les ratios que définit Marx, taux de plus-value et composition organique du capital, sont plutôt constants. Un indicateur du taux de plus-value est la part de la rémunération du travail dans la valeur ajoutée qui mesure la production. On a vu que cette répartition était stable depuis plusieurs décennies. Quant à la composition organique du capital, on peut en trouver un indicateur dans le coefficient de capital, ratio du capital au produit, dont la stabilité est un des « faits stylisés » de la croissance. L'accumulation du capital est compensée par son obsolescence et son amortissement économique. Il perd de sa substance et de sa valeur et doit être renouvelé.

On remarquera que la source du déclin est différente selon les auteurs. Marx prophétise un déclin que l'on peut qualifier d'endogène à l'économie, c'est-à-dire qui résulte de facteurs internes à la dynamique économique. Les prophètes du déclin par l'écologie tels Malthus ont une conception exogène ou environnementale. Tous évacuent la réalité des faits et l'historicité des comportements humains qui manifestent une remarquable capacité d'adaptation à des environnements changeants.

Une prise en considération globale des questions environnementales apparaît avec l'idée de développement durable. Elle figure dans le rapport de la Commission mondiale sur l'environnement et le développement de l'ONU dit rapport Bruntland en 1987. Le développement durable est un « développement qui répond aux besoins du présent sans compromettre la capacité des générations futures de répondre aux leurs ». La formulation est assez générale. Si on veut en préciser le contenu économique, on peut dire qu'il s'agit de faire en sorte que l'activité économique puisse continuer ultérieurement pour les générations futures, voire indéfiniment, dans des conditions économiques comparables en termes de revenu et de bien-être à celles d'aujourd'hui. Il est question de développement, et non pas de croissance. Ceci peut laisser entendre que le développement est dans une certaine mesure distinct de la croissance.

Cette réflexion s'inscrit dans une approche écologique de l'espèce humaine, c'est-à-dire dans sa relation avec son habitat, au sens écologique du terme. Cette approche est dans le fil des analyses de Darwin sur le développement des espèces. Les espèces vivantes tendent à proliférer tant que les ressources le permettent.

En ce qui concerne la question de la croissance, remarquons d'abord que les dégradations de l'environnement n'annoncent pas la fin du monde. Elles font connaître à l'espèce humaine des difficultés qu'elle rencontre déjà mais qui iront en grandissant en l'absence de mesures contraires. Ce sont notamment des épisodes climatiques extrêmes tels que des pluies abondantes et donc des inondations, tempêtes, submersion marine, érosion des côtes, des épisodes de sécheresse, de canicule, des incendies etc. Tous ces phénomènes sont déjà présents et donc connus mais ils se manifesteront sans doute plus fréquemment et avec plus d'intensité en l'absence de mesures contraires.

2 Pourquoi épuiser les ressources non renouvelables

Pour satisfaire ses besoins l'espèce humaine effectue des prélèvements sur les ressources naturelles. Celles-ci sont de deux sortes. Certaines sont renouvelables, notamment celles qui relèvent du vivant, qu'il s'agisse des espèces végétales ou animales. Elles fonctionnent sur le principe du cycle du vivant. Les individus constitutifs de ces espèces naissent, grandissent et meurent. Le plus souvent, dans la durée de leur vie ces individus se reproduisent, ce qui assure la perpétuation de l'espèce par renouvellement de ses individus. Le principe de développement durable doit conduire à une exploitation de ces ressources qui leur permet de renouveler les individus et donc de maintenir les effectifs des populations. Leur disparition serait une perte pour la collectivité alors que leur maintien est possible sans effort excessif. Bref les avantages de la conservation des espèces exploitables l'emportent sur les inconvénients.

D'autres ressources naturelles sont non renouvelables, à tout le moins à l'échelle humaine. C'est le cas des énergies fossiles, charbon, pétrole, gaz, des minerais et des produits de carrière. Ces ressources constituent un stock dans lequel on peut puiser mais qui ne se renouvelle pas. Au nom du développement durable doit-on s'interdire de consommer la totalité d'une ressource disponible en quantité finie plutôt que d'aller jusqu'au bout du stock ? S'agit-il d'en laisser pour les générations futures ? Mais la problématique des générations futures sera la même que celle de notre génération, c'est-à-dire en laisser pour les générations ultérieures. Si elles adoptent le même comportement, au bout du compte cela revient à s'interdire d'épuiser le stock. La logique de l'interdiction de son utilisation maintenant conduit à une interdiction définitive.

En outre on n'est pas sûr d'avoir besoin de ces ressources jusqu'à leur épuisement. Que l'on pense au silex utilisé par les hommes préhistoriques. C'est une ressource non renouvelable qui aurait pu faire l'objet de la même problématique de développement durable. On a tout simplement cessé d'en avoir besoin. A l'heure actuelle cette problématique concerne les énergies fossiles. Or on constate qu'on dispose déjà d'un certain nombre d'énergies alternatives. Dès lors la logique commande plutôt d'utiliser le stock de celles qui ne sont pas renouvelables jusqu'à leur épuisement.

Par ailleurs on ne connait l'étendue du stock restant disponible que sur la base de l'information actuelle. Or l'information a un coût. Celle dont on dispose actuellement a été collectée en fonction de son coût rapporté aux gains résultant de l'exploitation de la ressource qui dépendent de son prix. Autrement dit on a une information dépendante du prix de la ressource. Si la ressource se raréfie, son prix augmente et une information supplémentaire est économiquement justifiée. Dans ces conditions on peut chercher et potentiellement trouver de nouveaux stocks de la ressource. Dans la réalité, c'est bien ce qui se passe. Le même calcul économique est à l'œuvre quand le renchérissement de la ressource rend rentable l'exploitation de nouveaux stocks dont les coûts d'exploitation étaient prohibitifs quand le prix de la ressource était inférieur.

Le seul argument économique pour la recherche d'autres ressources avant épuisement des premières est la nécessité d'une période de recherche et d'apprentissage avant l'exploitation et l'utilisation d'une ressource nouvelle. Mais dans l'hypothèse où les grandes entreprises dans le secteur de l'énergie se comportent de manière économiquement rationnelle et s'interrogent sur la continuité de leur activité, elles anticipent l'évolution des approvisionnements de la ressource en voie d'épuisement pour se tourner vers d'autres ressources. En définitive il est rationnel de laisser les producteurs et, au-delà, les utilisateurs de ressources en voie d'épuisement, chercher et vraisemblablement trouver de nouvelles ressources qui se substitueront aux premières. C'est ce que font effectivement les grands producteurs d'énergie, électrique ou pétrolière.

3 Les formes matérielles de l'activité économique

La croissance économique est celle des activités économiques mesurées par leur valeur ajoutée et dont le total pour un pays définit le produit intérieur brut, le PIB. Toute activité génératrice de valeur ajoutée contribue à la croissance et seules ces activités contribuent à la croissance. En particulier les transactions sur des produits d'occasion qu'il s'agisse de voitures, de vêtements ou de biens immobiliers ne génèrent par elles-mêmes aucune valeur ajoutée.

La valeur ajoutée se mesure en unités monétaires. Mais ces activités présentent une autre dimension, un contenu matériel. On a l'habitude de distinguer parmi ces activités celles qui produisent des biens de celles qui produisent des services.

Les activités de production mettent en jeu des matières qui sont issues des ressources naturelles. Les services, qui représentent 80% des activités économiques en France, mobilisent beaucoup moins de matières que la production de biens. La plupart des activités de services mobilisent essentiellement de la main d'œuvre. Mais certaines nécessitent l'utilisation d'un outillage. La plupart ont besoin d'un abri spécifique pour pouvoir être exercées, tandis que d'autres non. C'est le cas notamment des services à domicile. Leur existence suppose aussi des personnes dans un domicile, ce qui mobilise le service immobilier, correspondant à l'occupation des logements et des autres biens immobiliers. Les matériels et matériaux requis pour la production de ces services viennent s'ajouter à ceux relevant de la production des biens.

Il est vrai que certains services peuvent toutefois être gros consommateurs de certaines ressources matérielles. C'est le cas du service du transport public et privé, du service de logement des personnes et des activités, surtout tertiaires. La croissance de certains services est aussi ignorée par convention comptable. Ce sont par exemple les services domestiques qui ne sont pas comptabilisés comme activité économique dans le PIB tant qu'ils sont assurés par un membre du ménage, mais le deviennent dès lors qu'il y a rémunération, souvent à un tiers. Ainsi les soins à la personne quand ils sont pris en charge collectivement et non pas par la famille sont une activité économique comptabilisée dans le PIB. Rappelons que les activités domestiques représentent de l'ordre de la moitié du PIB. Dans les deux cas, cette activité affecte peu l'environnement. L'évolution générale de ces trente dernières années a plutôt été dans le sens d'un accroissement de la prise en charge collective de ces services et donc une monétisation de ces activités qui dès lors contribuent à la croissance mesurée.

L'autre aspect qui présente une apparence paradoxale est que les réparations aux dégradations faites à l'environnement sont elles-mêmes des activités économiques. On arrive ainsi à comptabiliser dans l'activité économique, le PIB, à la fois la production de matériels qui porte atteinte à l'environnement et en même temps les activités de réparation de cet environnement. Ce paradoxe a déjà été évoqué par Bertrand de Jouvenel[59].

Tout cela pour dire qu'une activité est économique dès lors qu'elle peut rapporter de l'argent et/ou qu'elle a un coût monétaire, et ce indépendamment du contenu physique, matériel, de cette activité.

L'activité économique peut aussi décroître. Cela se produit occasionnellement et temporairement lors des crises dans un contexte de croissance tendancielle. Cela pourrait être une voie plus durable dans le futur et donc devenir une décroissance tendancielle. Celle-ci peut résulter d'une réduction des échanges par le développement de l'autoproduction ou des échanges de troc. C'était la situation qui prévalait quand une bonne partie des personnes cultivait pour sa propre consommation à l'instar des agriculteurs de nombreux pays. Le maigre surplus résultant de l'autoconsommation est échangé contre des biens et services que l'on ne peut pas produire soi-même.

Dans les comportements effectifs à l'égard de la croissance, si on peut observer que s'élèvent des voix hostiles à la croissance, dans la réalité quand la croissance ralentit les pouvoirs publics font tout pour la soutenir en mobilisant deux moyens, le déficit budgétaire et l'expansion monétaire.

---

[59] Arcadie essais sur le mieux-vivre, Futuribles Sédeis, 1969.

4 Le soutien de la croissance par le déficit budgétaire

Si les critiques sont nombreuses quant aux effets néfastes des activités économiques sur la croissance, les politiques publiques ont largement pour finalité l'objectif inverse, c'est-à-dire de maintenir ou relever le taux de croissance quand se manifeste un ralentissement. Keynes a établi qu'une telle situation pouvait ne pas se corriger spontanément et qu'il fallait mener une action contracyclique pour ramener l'économie à l'équilibre et notamment le marché du travail. Il s'agit donc là d'une action conjoncturelle.

Une forme classique de cette action contracyclique est le déficit budgétaire. En fait ce n'est pas le déficit budgétaire par lui-même qui génère un supplément d'activité, mais le choc d'un excès de dépenses sur les recettes. Ce choc peut conduire à un déficit, à une accentuation du déficit ou à un moindre excédent. C'est un déficit quand on part d'une situation d'équilibre. Le maintien ultérieur du déficit ne constitue plus de choc. S'il y a déjà un déficit, pour qu'il y ait à nouveau un choc, il faut accroître le déficit. C'est une situation insoutenable à long terme parce qu'elle fait croître et le déficit et la dette. Après avoir opéré un choc budgétaire le comportement rationnel est donc de ramener le budget à l'équilibre pour pouvoir effectuer un nouveau choc et donc reconstituer des marges de manœuvre. Ramener le budget à l'équilibre à partir d'une situation de déficit revient à effectuer un contrechoc ou un choc négatif. Par exemple, actuellement le déficit budgétaire français est absorbé et au-delà par le service de la dette[60]. Dans le contexte de la

[60] Il faut distinguer la *charge* de la dette qui représente les intérêts sur la dette et le *service* de la dette qui inclut aussi l'amortissement du

pandémie du Covid-19, le projet de loi de finance pour 2021 prévoit un déficit de 153 mds € quand le service de la dette s'élève à 127 mds plus 1,3 mds au titre de la reprise de la dette de la SNCF. Autrement dit sans dette publique le budget ne serait déficitaire que de 25 mds €. Du point de vue du soutien de l'activité seul ce déficit a potentiellement un effet multiplicateur. La prise en considération de la dette totale mesure la charge que l'on fait peser sur les ressources futures.

Par ailleurs la création ou l'aggravation du déficit public génère une dette qui doit être remboursée. Comme toute dette elle ne crée pas de revenu supplémentaire mais déplace du revenu futur vers le présent. Qui plus est, ce revenu futur est grevé d'un coût qui est le prix du temps, représenté par le taux d'intérêt ou le taux d'actualisation. Sur le long terme le déficit public est donc neutre puisqu'il faut rembourser la dette qu'il a générée. L'activité supplémentaire provoquée par le choc du déficit est compensée par une moindre activité quand on rembourse la dette.

La neutralité du déficit public est peut-être plus large encore. En effet, le déficit public aboutit à augmenter temporairement les revenus des agents économiques. Mais ces agents peuvent considérer que leur augmentation de revenu actuel sera compensée par de moindres revenus ultérieurement, quand il faudra rembourser la dette. Ils peuvent être alors incités à déplacer du revenu en sens inverse de celui mis en œuvre par les pouvoirs publics en augmentant leur épargne actuelle pour faire face au

---

capital. Le premier représente 39 mds en 2020, le second 109 mds, ce qui est l'équivalent du budget de l'éduction et de la recherche.

supplément d'impôts requis pour le remboursement de la dette. D'où une forme plus large de neutralité du déficit dans le cadre d'un arbitrage intertemporel de l'ensemble des agents économiques.

En matière de déficit budgétaire il y a une tendance à commettre une erreur que l'on retrouvera avec la politique monétaire. C'est l'idée que puisque ces mesures sont bonnes dans l'immédiat, en les poursuivant, elles continueront à avoir des effets positifs. Or ce sont des instruments de politique conjoncturelle qui n'ont qu'une vocation temporaire. Utilisées dans le long terme, elles sont au mieux neutres, au pire néfastes. Elles sont néfastes parce qu'en cas de nouveau besoin d'une action conjoncturelle, les marges de manœuvre des pouvoirs publics sont réduites. Ils ne peuvent qu'accroître le déficit, avec la difficulté que cela présente en termes de soutenabilité de la dette.

Depuis 1975 la France n'a pas connu une seule année où les administrations publiques, État, collectivités territoriales et sécurité sociale, n'ait eu un besoin de financement parce que leurs dépenses excédaient leurs recettes (cf. graphique suivant). Ces déficits permanents impactent la dette publique qui connaît une croissance en tendance.

Toutefois le lien entre déficit et dette n'est pas direct, il dépend de l'affectation des dépenses publiques, notamment du *service de la dette*. Pour mettre en évidence la portée de cette question, il suffit de considérer la situation extrême où les finances publiques seraient déficitaires mais où toutes les ressources seraient affectées au service de la dette, donc au remboursement du capital emprunté. En termes budgétaires on serait dans une situation de déficit pas nécessairement plus accentué qu'en régime de dépenses normal. En termes de dette la situation serait grandement améliorée. Mais malgré le déficit, cela constituerait un puissant choc négatif sur l'économie. On ne peut donc pas identifier le déficit à un soutien de l'activité économique.

Graphique 26 : Capacité (+) ou besoin (-) de financement des administrations publiques (mds €)

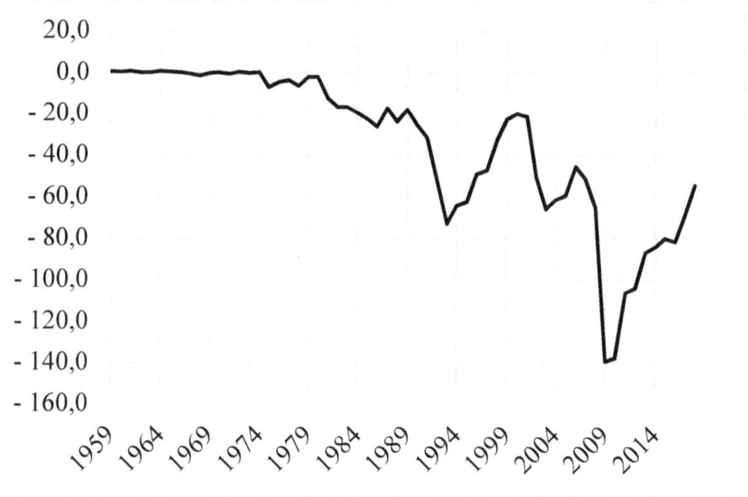

Source : Comptes de la nation de l'INSEE

Le lien assez lâche entre déficit et dette explique que la situation de la dette de la France, rapportée au PIB, ait pu s'améliorer en certaines périodes. C'est le cas à la fin des années 90 et entre 2005 et 2007 avant l'approfondissement du déficit en réponse à la crise de 2008, comme le montre le graphique suivant.

Graphique 27 : Dette publique en pourcentage du PIB

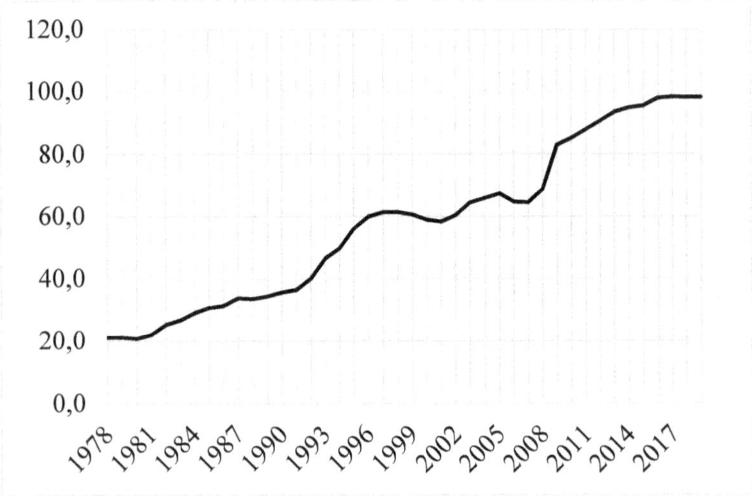

Source : données INSEE

Une manière plus synthétique de considérer le déficit public et la dette est d'observer la variation annuelle de la dette. Elle mesure en effet à la fois le déficit et le solde des remboursements sur les nouveaux emprunts publics (cf. graphique suivant). On peut aussi rapporter la variation de la dette au PIB avec des résultats assez semblables.

On constate que depuis 40 ans la dette publique ne cesse de croître puisque les variations annuelles sont toujours positives. On observe également les variations cycliques, où la dette croît moins et celles où elle croît davantage.

Graphique 28 : Variation de la dette publique

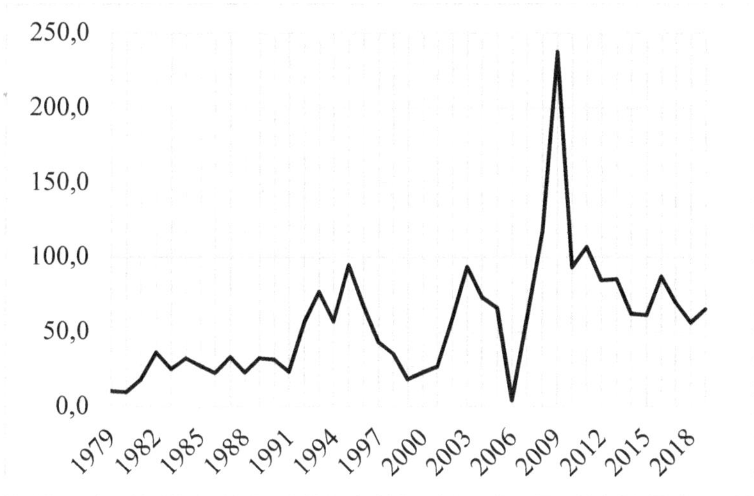

L'existence d'un déficit permanent comme la France en connait depuis des décennies présente un autre inconvénient qui est la difficulté à le résorber. En effet les administrations publiques et les autres bénéficiaires de la dépense publique se sont accoutumés à dépenser plus que leurs ressources et ont d'autant plus de difficultés à se résoudre à une réduction de leurs dépenses.

5 Le soutien de la croissance par la politique monétaire

La politique monétaire est l'autre instrument standard d'action publique sur l'activité économique. Il repose sur l'idée qu'en rendant moins cher le coût de la dette les agents économiques sont incités à emprunter davantage pour dépenser immédiatement ou pour investir, que ce soient les ménages, les entreprises ou les administrations.

En réalité l'impact de la baisse des taux sur l'épargne et la dépense des agents économiques est ambigu. Ce qui est une dette pour le débiteur est une créance pour le détenteur de la dette. Dès lors les taux d'intérêt ont un effet inverse sur les deux parties. Une hausse des taux favorise le prêteur et l'incite à prêter, quand elle pénalise l'emprunteur et l'incite à moins emprunter. En définitive le résultat n'est pas tranché. Il dépend de l'importance respective des effets sur les emprunteurs et les prêteurs. L'observation du comportement d'épargne des ménages montre que le taux d'épargne est resté très stable dans toute la période récente alors que les taux d'intérêt ont fortement chuté. L'épargne est donc assez largement indépendante des taux d'intérêts. En revanche l'endettement, notamment sous forme d'emprunts immobiliers chez les ménages, a considérablement augmenté. Il est vrai que ces emprunts sont une forme d'épargne forcée, puisque dès qu'ils sont contractés on commence à les rembourser.

Globalement les ménages sont structurellement épargnants. Leur épargne s'explique dans le cadre d'un arbitrage intertemporel dans un environnement incertain. On épargne maintenant pour dépenser plus tard en cas d'évènements inattendus, et en situation de moindres revenus, notamment lors de la retraite. Le comportement d'épargne consiste à transférer du revenu présent dans le futur. L'endettement consiste dans le transfert inverse, du futur vers le présent. Ce transfert est sensible à une variation du taux d'intérêt qui représente le prix du temps. Quand le transfert est moins coûteux, les ménages sont incités à transférer davantage, c'est-à-dire à épargner davantage. La hausse des taux a aussi un effet revenu qui consiste dans le revenu plus élevé que procure l'épargne. Cet effet revenu incite à dépenser davantage ce qui va à l'encontre de l'effet prix. La résultante sur la consommation et donc l'épargne dépend de l'importance relative des deux effets, prix et revenu. Les données incitent à penser qu'ils s'équilibrent à peu près ce qui explique que l'épargne soit assez indépendante du taux d'intérêt.

La croissance de l'endettement n'est que la manifestation de la répartition de l'épargne entre les ménages. Certains ont vu leurs créances croître parce qu'ils ont prêté davantage à d'autres. Dans cette dynamique « les crédits font les dépôts » conformément à l'adage de théorie monétaire.

Finalement, quand on observe la politique de taux de la Banque Centrale Européenne on ne peut que constater le médiocre effet sur la croissance de la politique d'expansion monétaire menée depuis 2008.

6 Le rôle de l'Europe

Comme pour n'importe quel institution étatique le rôle de l'Europe, représentée par les institutions européennes, se concrétise dans la politique monétaire, celle de l'Euro, et la politique budgétaire.

En ce qui concerne l'euro, il s'est trouvé que sa création a coïncidé avec le début du cycle des années 2000, qui s'est manifesté par quelques années d'expansion avant la crise de 2008. De là à le rendre responsable de ce cycle il n'y a qu'un pas que certains ont franchi. Mais contemporanéité n'est pas causalité. Il y a une preuve manifeste que l'euro n'est pas responsable de la crise, c'est que les pays de l'union européenne qui ne font pas partie de la zone euro ont été eux aussi affectés par la crise voire davantage.

L'euro est incontestablement un franc succès. Aucun des pays qui faisaient partie de la zone euro ne l'a quitté, pas même la Grèce au plus fort de la crise. Son maintien dans la zone euro a été soutenu par tous ses gouvernements successifs couvrant à peu près tout le spectre politique. En outre d'autres pays ont rejoint la zone euro pendant cette période.

La qualité de l'euro lui a permis aussi de limiter les effets négatifs de la crise financière sur d'autres pays fragiles comme l'Italie et l'Espagne.

Cela dit, la monnaie unique présente une difficulté structurelle qui est d'être une monnaie unique pour des États dans des situations économiques différentes et dont les besoins en monnaie sont donc différents ainsi que les besoins en termes de politique monétaire. En contrepartie elle dispose d'un avantage, c'est de n'être contrainte par aucun acteur de politique économique au niveau européen, ce qui donne les mains libres à la Banque Centrale Européenne. Il n'y a pas de risque de divergence de vue entre politique conjoncturelle européenne et politique monétaire[61], comme cela peut arriver dans les états ou gouvernement et banque centrale divergent sur la politique conjoncturelle à mettre en œuvre. Les seules tensions qui sont apparues sont celles avec les états, Grèce, Espagne, Portugal, Italie. Par ailleurs la BCE ne peut mener qu'une politique monétaire et elle est seule responsable de la gestion de la conjoncture.

Jusque récemment la politique budgétaire européenne consistait à encadrer celle des états membres avec une limitation du déficit à 3% du PIB et de la dette à 60% du PIB. Le chiffre de 3% peut paraître faible mais si on calcule

---

[61] Avec le plan de soutien à l'économie décidé par la commission et un endettement au niveau européen, la problématique est en train de changer.

le déficit par rapport au budget on peut arriver à un chiffre beaucoup plus considérable.

Notons d'abord que ces chiffres définis par les règles européennes n'ont aucun fondement économique. Rappelons ensuite que le déficit constitue un instrument de politique conjoncturelle qui n'est efficace que temporairement. Ce n'est en effet pas à proprement le déficit qui est efficace mais le choc de dépenses supplémentaires par rapport aux recettes qui provoque un regain d'activité. C'est ce qu'on appelle l'effet multiplicateur de la dépense publique. De combien est cet effet multiplicateur ? Il est peu différent de 1, c'est-à-dire que le surplus de PIB a un montant peu différent de celui de la dépense supplémentaire. Finalement on retrouve en supplément d'activité le montant qu'on y a mis en déficit.

La règle des 3% de déficit est une mauvaise règle. Elle laisse penser aux États dépensiers qu'ils peuvent être toujours en déficit pourvu qu'ils respectent le plafond de 3%. De fait c'est ainsi qu'un certain nombre d'États se comportent, dont la France. La norme tendancielle du déficit devrait être zéro avec l'acceptation de déficits éventuellement supérieurs à 3% quand c'est nécessaire mais de manière temporaire et qui doivent nécessairement être compensés par des excédents en période de regain d'activité.

7 Les facteurs financiers limitent la croissance

La conception économique standard est que le crédit fonctionne comme une contrainte sur la croissance. Si on desserre la contrainte en rendant le crédit moins cher et/ou en en augmentant les volumes, la croissance s'accroît. Cet effet se produit au moins tant que l'appareil productif est en mesure de répondre à une demande de production plus élevée, c'est-à-dire tant que le nouvel équilibre résultant d'une demande supplémentaire n'est pas réalisé à un niveau de prix plus élevé. Bref le crédit bon marché est favorable tant qu'il n'entraîne pas d'inflation.

Ce mécanisme n'est avéré que si le crédit conduit à une augmentation de la demande et, au-delà, de la production. Cette demande peut venir des ménages sous forme de consommation. Elle peut venir des entreprises sous forme d'investissement. En réalité une bonne partie de la croissance du crédit lors ces dernières années a été affectée à l'acquisition d'actifs patrimoniaux, biens immobiliers et titres de propriété d'entreprises. Cet accroissement de la solvabilité de cette demande s'est traduit par une flambée du prix des actifs, immobiliers et entreprises. Autrement dit le gonflement du crédit n'a pas entraîné d'inflation du prix des biens de consommation, l'indicateur habituellement retenu, mais celle du prix des actifs. Ce phénomène n'est pas totalement passé inaperçu mais il n'a pu se réaliser que parce que le prix des actifs n'est pas une composante de l'indice des prix à la consommation (IPC).

Pourquoi ? Le prix d'un actif est égal à son revenu futur actualisé, ce qu'on peut ramener à son revenu actuel divisé par le taux de rendement. Le prix du revenu est normalement inclus dans l'indice des prix à la consommation. C'est le cas par exemple du logement où le prix des loyers est une composante de l'IPC[62]. Mais le prix des actifs dépend aussi, en fonction inverse, du taux de rendement, c'est-à-dire du taux d'intérêt. Ce taux, qui

[6262] Voir sur mon site http://www.economieimmobiliere.com/mettre-le-prix-des-logements-dans-lindice-des-prix-a-la-consommation/

représente le prix de l'argent, ne fait pas partie de l'indice des prix. Il serait peu pertinent de l'y inclure dans la mesure où le taux d'intérêt dépend des prix. En période d'inflation le taux augmente de telle sorte que le taux réel, qui est égal au taux nominal moins l'inflation, ne soit pas amputé. Inclure le taux d'intérêt dans l'indice des prix viendrait à le faire surdéterminer, l'inflation étant en quelque sorte incorporée à l'inflation.

Bien entendu le taux d'intérêt réel, différence entre le taux nominal et l'inflation, varie. Pourquoi alors n'est-il pas lui-même pris en compte dans l'indice des prix à la consommation ?

Le taux de croissance est le taux d'intérêt plus le progrès technique. Le raisonnement est le suivant : les investisseurs investissent jusqu'au point où le rendement marginal de l'investissement est égal à son coût. Ce faisant on suppose que ce rendement marginal est décroissant, c'est-à-dire que plus on investit plus cela rapporte mais le gain est de plus en plus faible. De sorte qu'il y a un point où le gain égale le coût qui est le taux d'intérêt. Or le rendement marginal est le taux de croissance. C'est ce rendement marginal qui fait qu'ayant investi 100, on retrouve finalement un peu plus que 100.

Le taux de rendement du capital est actuellement particulièrement bas. Pour un « capitaliste » il est moins rentable d'investir que de se rémunérer en opérant des transactions sur les actifs patrimoniaux. Ces transactions où les intermédiaires sont rémunérés par un pourcentage du bien peuvent être plus rémunératrices que le rendement annuel du capital. Par ailleurs les éventuelles plus-values peuvent améliorer le rendement de ces transactions. Ainsi, les investisseurs se détournent de l'économie réelle pour investir dans des produits financiers, notamment ceux à effet de levier.

8 Une dynamique des déséquilibres insoutenable

La croissance mondiale actuelle repose sur une dynamique de déséquilibres croissants. Le développement de la Chine repose sur ses exportations vers les pays occidentaux, au premier rang desquels les États-Unis. Les exportations des États-Unis sont loin de compenser la valeur de leurs importations chinoises. L'excédent commercial s'accumule en Chine où il est recyclé en crédits aux États-Unis. Ainsi la boucle est bouclée. Mais c'est une dynamique croissante. Le déficit croissant s'accompagne d'un endettement croissant. Le jeu des mécanismes de marché pourrait ou devrait conduire à un rééquilibrage par les mouvements du cours des monnaies. La Chine vendant plus qu'elle n'achète sa monnaie est davantage demandée pour payer les fournisseurs. Ce faisant la demande pousse au renchérissement du cours de la monnaie qui rend plus chères ses exportations. Le même mécanisme joue à l'envers sur le dollar. Étant plus acheteurs que vendeurs les États-Unis voient leur monnaie moins demandée. Elle se dévalorise et rend plus chères ses importations, moins chères ses exportations. Ces forces tendent à rééquilibrer les échanges. En réalité ce mécanisme fonctionne peu ou mal parce que l'offre et la demande de monnaie ne sont pas seulement la résultante des échanges commerciaux mais possèdent une dynamique propre. Le dollar n'est pas demandé seulement pour payer les acquisitions de produits américains, il fait l'objet d'une demande propre pour l'épargne et les opérations financières. Enfin l'expansion de la masse monétaire et le cours des monnaies font l'objet d'une politique des banques centrales qui n'ont pas nécessairement pour objectif la résorption des déséquilibres, mais gèrent leur monnaie dans le cadre d'intérêts géopolitiques. Ainsi on reproche régulièrement à la Chine de maintenir artificiellement bas le cours de sa monnaie.

Chapitre 9 Croissance et inégalités

Il s'agit maintenant de mettre en place toutes les pièces du puzzle, c'est-à-dire d'une part la question des inégalités, celles des revenus et leur évolution, celles des patrimoines et leur évolution, et d'autre part la croissance. Il faut ajouter à cela les variables « cachées », notamment financières, qui déterminent en partie les autres. Globalement, la question est de savoir si les inégalités de revenu sont un obstacle à la croissance ou si plutôt la croissance n'est pas un réducteur d'inégalités. Le même type de question se pose à propos des inégalités de patrimoine.

1 Les inégalités de revenu obstacle à la croissance ?

La conception dominante est que les inégalités de revenu sont un obstacle à la croissance. L'idée est que pour absorber une production croissante il faut des consommateurs dotés d'un pouvoir d'achat croissant. Si la richesse produite est davantage absorbée par les riches qui consomment moins, la croissance est freinée. Les économistes qui veulent donner un qualificatif à cette économie parlent de régime « fordiste ». Il signifie que la production de masse passe par le versement de salaires suffisants pour absorber cette production. *A contrario*, quand les inégalités de revenu s'accroissent, les plus modestes n'ont plus les moyens d'acquérir une production supplémentaire. D'où le ralentissement de la croissance.

Ce raisonnement n'est pas absolument correct. La nécessité de débouchés pour la production fordiste ne s'impose que parce que cette production est orientée vers des biens de consommation. On peut fort bien imaginer une production davantage orientée vers les biens d'équipement ou l'armement ou la conquête spatiale ou encore la protection de la nature. Si au lieu de voitures on produit des tanks, il n'y a pas besoin de niveaux de salaires élevés pour acheter ces tanks. C'était le type de production dominante en Union Soviétique où la production d'acier atteignait des sommets mais servait peu à la production de biens de consommation, notamment des voitures.

Du point de vue de la dynamique économique la répartition du produit entre la consommation et l'investissement est indifférente dans la mesure où ce qui n'est pas consommé est épargné et investi. Dans ce cas la production est absorbée sous une autre forme. Qu'on se rappelle la représentation de la macroéconomie par la situation de Robinson Crusoé qui investit en plantant les noix de coco qu'il ne consomme pas. On peut avoir un niveau de production élevé et des niveaux de consommation bas si la part investie est élevée. Les salaires nécessaires pour absorber ce niveau de consommation sont alors bas également. Le « fordisme » est donc davantage la manifestation d'un choix de production et de répartition du produit entre consommation et investissement qu'une pure nécessité économique. Ce choix économique relève le plus souvent de décisions socio-politiques.

On a vu que dans la période récente, même sans considérer la pandémie, la croissance était très faible dans beaucoup de pays occidentaux. Par ailleurs les inégalités de revenu ne se sont quasiment pas accrues au moins en France. Leur évolution ne permet donc pas d'expliquer la stagnation de l'activité économique. On peut considérer au contraire que c'est la stagnation économique qui est responsable de l'absence de perspectives d'évolution sociale. Les inégalités n'augmentent pas mais elles ne diminuent pas non plus parce que la croissance est faible. Pour faciliter une amélioration des situations et de l'égalité des chances il serait préférable que la pyramide sociale s'élargisse vers le haut. Ainsi les personnes issues des rangs inférieurs accéderaient plus facilement à des niveaux supérieurs. De cette façon les inégalités s'atténuent à mesure que les opportunités professionnelles s'élargissent dans des emplois mieux rémunérés. Or cette déformation de la structure des revenus, et partant, de la structure sociale, ne se réalise qu'avec la croissance, ou au moins ne se réalise avec un coût supportable en termes de destruction d'emplois peu qualifiés qu'en situation de croissance.

Quoi qu'il en soit, la réduction des inégalités de revenu est toujours économiquement possible. Il suffit de prélever davantage sur les plus aisés et transférer ces contributions aux plus modestes. Dans le contexte français actuel, cette politique de transfert rencontre vraisemblablement une limite d'ordre social. En effet, dans l'état actuel du marché du travail, la réduction des inégalités passe par une augmentation des revenus de transfert, minima sociaux, indemnités de chômage et compléments aux petites retraites. Par définition ces transferts sont versés sans contrepartie de la part des bénéficiaires. Améliorer ces revenus est économiquement supportable mais socialement plus difficilement acceptable de la part des personnes qui perçoivent des revenus d'activité de peu supérieurs à ces minima. Pour améliorer les petits revenus de manière acceptable il vaut mieux qu'ils soient la contrepartie d'une activité. La solution est donc la réduction du chômage. On revient sur cette question plus loin.

On peut aussi améliorer non pas les revenus mais le pouvoir d'achat en faisant baisser le prix des produits fortement représentés dans le panier de consommation des plus modestes. C'est le cas d'un certain nombre de biens ou services dont la consommation est subventionnée : éducation, soins, logement. Cette amélioration du pouvoir d'achat qui peut être différente selon les ménages ou les personnes n'est pas prise en compte dans les inégalités de revenu ou de niveau de vie alors qu'elle en représente un montant significatif[63].

2 La croissance réductrice des inégalités de revenu

Depuis que l'on dispose pour la France de données fiables en matière d'inégalités, c'est-à-dire depuis la 2ème guerre mondiale, on observe que la croissance s'est accompagnée d'une réduction des inégalités de revenu. Celle-ci a été plus rapide entre 1945 et 1975 que depuis, où les inégalités ont tendance à stagner. La croissance a connu une évolution parallèle, plus accentuée entre 1945 et 1975 que depuis. A première vue il y a donc corrélation positive entre la croissance et la réduction des inégalités. Davantage de croissance va de pair avec moins d'inégalités. Au niveau mondial c'est bien la croissance économique de pays jusque-là peu développés comme la Chine qui a permis à des milliards de personnes de sortir de la misère et par là de réduire les inégalités de revenu avec les habitants des pays les plus développés.

En France la réduction des inégalités de revenus s'est réalisée par un changement dans la nature des revenus. Plus précisément c'est le passage d'activités exercées comme

---

63 Élise Amar, Magali Beffy, François Marical, Émilie Raynaud « Les services publics de santé, éducation et logement contribuent deux fois plus que les transferts monétaires à la réduction des inégalités de niveau de vie », France portrait social 2008.

professions indépendantes, agriculteurs, petits commerçants, artisans, etc. où les revenus pouvaient être très modestes au salariat à plein temps pour la majorité des actifs qui explique le nivellement des revenus. L'extension du salariat à plein temps a fait entrer la masse des travailleurs dans une hiérarchie de revenus quasi-incontournable. Ce phénomène apparaît dans le partage de la valeur ajoutée constitutive du PIB entre les différentes formes de revenu. La part des salaires croît de 1949 à 1985 avant de stagner depuis (cf. chapitre 3). La part des revenus mixtes, c'est-à-dire les revenus qui sont issus à la fois du capital et du travail, ce qui est le fait des professions indépendantes, a chuté drastiquement entre 1949 et 1985 pour continuer à décroître ensuite à un rythme moindre. C'est cette diminution des revenus non- salariés qui est à l'origine de la réduction des inégalités. En effet, en salariat, le salaire minimum est visible et de ce fait il est difficile de le fixer à un niveau qui n'assure pas un niveau de vie décent. Depuis les années 50 en France, il existe en outre un salaire minimum obligatoire.

En profession indépendante, le revenu n'est pas garanti et est moins visible. Il peut atteindre un niveau plus faible que le salaire minimum. Il n'existe pas non plus de revenu minimum. Par ailleurs en général l'accès à une profession indépendante n'est limité que pour certaines d'entre elles et les prestations sont trop uniformisées pour empêcher une différenciation des prix. Cette absence de barrières à l'entrée, pour parler en termes économiques, empêche la plupart des revenus non-salariés de croître trop. Dans les professions dont l'accès n'est pas réglementé, les hauts revenus sont sans cesse concurrencés par les plus bas. Il n'y a que dans les professions où la prestation peut être différenciée que certains professionnels atteignent de très hauts revenus. Du côté des bas revenus, la seule limite est la survie de l'activité individuelle. Les professions indépendantes les plus nombreuses sont les professionnels de la santé que le numerus clausus pour les médecins et les honoraires réglementés met à l'abri des revenus bas. Il n'en est pas de même chez les avocats où il n'y a ni numerus clausus ni honoraire minimum et où les bas revenus ne sont pas exceptionnels.

On a une parfaite illustration avec la situation des agriculteurs qui ont un revenu net souvent inférieur au SMIC. Salariés à plein-temps, ils percevraient au moins le SMIC. Une autre illustration de cette question est l'ubérisation d'un certain nombre d'activités. Les personnes qui les exercent le font sous le régime d'indépendants et leur salaire est trop faible pour financer des cotisations de sécurité sociale, de retraite, en l'absence de droits au chômage. Un des enjeux des questions autour de la nature du lien entre les plateformes du type Uber et les travailleurs est de savoir s'il s'agit ou non d'un rapport de salariat avec ce que cette dernière qualification entraîne comme obligations.

Mais le phénomène de salarisation rencontre des limites. Ce sont d'abord celles dues à la volatilité des activités économiques. Celle-ci s'accroît une fois les besoins de base satisfaits. Une bonne partie des consommations et donc des productions relèvent du superflu. Dès lors, la consommation de ces produits ou services dépend de l'humeur du consommateur. Elle prend la forme de l'engouement pour un spectacle, un vêtement, un lieu de vacances, une formation etc. Elle est due aussi à l'accroissement du temps libre. Cette volatilité rejaillit sur la main d'œuvre employée qui est soumise à des fluctuations d'activité. Ceci explique le recours aux travailleurs en intérim dans le secteur privé (restauration, loisirs), aux vacataires dans la fonction publique et aux travailleurs détachés des pays de l'est européen dans les autres activités marchandes.

3 Chômage et emploi

La principale source des inégalités de revenu réside dans les faibles revenus dus à l'absence de travail, c'est-à-dire au chômage. La perte d'emploi fait passer la personne d'un revenu d'activité à un revenu de transfert qui assure pour certains juste un minimum de subsistance. Il faut donc s'interroger sur l'évolution de l'emploi et du chômage.

Le travail est un des facteurs de production à côté du capital. Il contribue à la croissance de manière positive mais ralentie. Plus de travail permet de produire plus mais l'accroissement est moindre.

Pendant longtemps l'emploi n'a pas été la forme la plus courante du travail. La majorité des activités économiques étaient réalisées par des indépendants occupants peu de personnels permanents. C'est le cas en particulier de l'agriculture où travaillait la majorité des actifs. Les personnes qui n'étaient pas exploitants ni salariés, étaient des journaliers, qui comme leur nom l'indique, vendaient leur travail à la journée.

Le qualificatif d'emploi ne convient que pour les activités exercées sous forme salariée. C'est au 19ème siècle et plus encore au 20ème que l'on est passé du *self-employment* au salariat. Avec lui est apparu le chômage qui n'a de sens que dans un contexte de salariat généralisé. Toute la question est de savoir ce qui détermine l'emploi, et en cas de chômage, les moyens de le résorber.

Sur le marché du travail les économistes appellent offre de travail ce qui émane des individus qui cherchent un emploi et qui est couramment appelé demande d'emploi. On préfère la qualification d'offre parce qu'on a l'idée que l'offre augmente avec le prix. La demande de travail émane des employeurs et constitue ce qu'on appelle l'offre d'emplois.

Observons d'abord que l'économie n'a pas pour but de produire des emplois mais des biens et services nécessaires ou agréables à la vie. L'emploi est un moyen pour produire ces biens et services, moyen coûteux qu'il s'agit de limiter au maximum. Toute l'histoire de l'humanité est la recherche de la réduction du travail pour obtenir un produit donné, selon le principe du moindre effort.

Le marché de l'emploi peut structurellement difficilement être à l'équilibre parce que ses deux composantes l'offre et la demande obéissent à des déterminants différents. Il est toujours soit en excès d'offre, soit en excès de demande. La demande de travail de la part des employeurs est déterminée par son coût et le niveau de la production. L'offre de travail qui émane des personnes dépend de la population disponible à un moment donné. Celle-ci dépend de la démographie et de l'accroissement naturel. Or les arrivées sur le marché du travail dépendent des naissances qui ont eu lieu des dizaines d'années auparavant. Les décès sont en revanche immédiats mais n'ont que peu d'effets sur l'offre de travail, puisque la plupart du temps ils sont le fait de personnes suffisamment âgées pour être déjà sorties du marché du travail. Dans ces conditions, on conçoit qu'il y a peu de chances que ces deux effectifs s'égalisent autrement que de manière accidentelle. De manière quasi permanente le marché est en déséquilibre. Quand on constate un faible taux de chômage c'est souvent la manifestation d'une tension sur le marché du travail qui trouve son équilibre avec l'immigration. Ainsi on a l'idée que pendant les « trente glorieuses », de 1945 à 1975, le marché du travail était équilibré. En fait il était en situation de tension et l'équilibre n'était assuré que par l'exode rural et une immigration significative.

En cas d'excès de demande de travail, c'est-à-dire d'une insuffisance de main d'œuvre, l'ajustement peut s'opérer par l'immigration. C'est la manière dont il s'est équilibré tendanciellement au cours des deux siècles précédents. En cas d'excès d'offre de travail, la réponse du marché est plus difficile, parce qu'aucun pays n'expulse ses nationaux. Il est aussi socialement difficile d'expulser des étrangers pour des motifs d'insuffisance d'emploi. L'excès d'offre de travail se traduit donc par le chômage. C'est la situation dans laquelle se trouve beaucoup d'économies développées depuis les années 80.

Sur un marché, l'équilibre se réalise normalement par les prix. Une insuffisance de l'offre se manifeste par une tension sur les salaires, un excès d'offre par une tendance à la contraction des salaires. L'offre et la demande sont supposées répondre à la variation des prix pour équilibrer le marché. En réalité l'équilibre du marché de l'emploi peut difficilement se réaliser par les salaires. Les employeurs, demandeurs d'emploi, peuvent limiter leur recours à l'emploi en cas de tension sur les salaires en substituant du capital au travail. L'indicateur de la substitution est la valeur de l'élasticité de substitution. La fonction de production macro-économique présente une valeur de cette élasticité proche de 1, c'est-à-dire que quand le prix du travail augmente de 1% la quantité demandée de travail baisse d'une proportion voisine de telle sorte que la dépense en travail de l'employeur reste constante en valeur relative. En ce qui concerne l'offre de travail, l'effet d'une augmentation du salaire a des effets ambigus. En effet un salaire plus élevé incite à travailler davantage (effet de substitution), mais il rend aussi plus riche ce qui incite plutôt à travailler moins (effet de revenu). Au total les effets de substitution et de revenu jouent en sens inverse, ce qui rend le résultat incertain. Finalement l'effet est plutôt nul.

L'offre de travail est donc le résultat d'un arbitrage travail/non-travail fonction des préférences des personnes et de la rémunération, sachant que les revenus sont grevés de frais de déplacements, d'éventuels frais de garde d'enfants, qui font que quand la différence de revenus entre travail et non- travail est d'une centaine d'euro, le choix est problématique.

Depuis la croissance des chiffres du chômage au milieu des années 70, tous les gouvernements se sont évertués à réduire le chômage. Ces efforts n'ont pas toujours été couronnés de succès, ce qui faisait dire à François Mitterrand en 1993 : « contre le chômage on a tout essayé ». En fait il existe deux types de politique de lutte contre le chômage qui correspondent aux deux types de chômage qu'identifient les économistes, le chômage keynésien et le chômage classique. Le chômage keynésien est un chômage conjoncturel qui correspond à une insuffisance temporaire d'activité. On peut la compenser par un choc budgétaire ou un choc monétaire. Ces chocs sont censés n'être que temporaires. On a vu que l'erreur courante est de considérer que ce qui est bon à court terme l'est également à long terme. Ce n'est pas le cas. L'action à long terme répond plutôt au chômage classique qui correspond à un coût du travail trop élevé par rapport au coût du capital. Comme il est assez difficile de diminuer les salaires l'action publique compensatrice réside dans l'allègement des charges annexes au salaire ou dans des aides directes. La durabilité de ces aides publiques est limitée par les contraintes budgétaires.

4 Inégalités de patrimoine et croissance

Le lien entre les inégalités de patrimoine et la croissance qui est habituellement reconnu est indirect. C'est parce que l'accroissement des inégalités de patrimoine proviendrait d'un prélèvement plus important sur la richesse produite de la part des plus riches que les inégalités de patrimoine constitueraient un frein à la croissance en rendant stérile cette richesse au lieu de la dépenser. On a vu que cette conception est erronée parce que les patrimoines ne résultent pas tellement d'un processus d'accumulation mais aussi et surtout d'un phénomène de capitalisation des revenus futurs. Les patrimoines sont des revenus futurs ramenés à aujourd'hui. Ces revenus sont ceux générés par la croissance. La prise en compte du futur s'opère donc sous deux dimensions, celle des revenus et celle du taux d'actualisation qui représente le prix du temps.

Les revenus futurs jouent donc positivement sur les valeurs patrimoniales. Plus la croissance est élevée plus les revenus futurs ont une perspective favorable, plus les actifs patrimoniaux consistant en droits de propriété sont importants. Ainsi la croissance tend à accroître ces composantes des patrimoines. Elle contribue à accroître les inégalités entre ceux qui n'ont pas de patrimoine ou seulement un patrimoine constitué de liquidités ou de comptes d'épargne dont la valeur est celle de leur montant nominal, et ceux qui détiennent des droits de propriété dont la valeur est celle de la capitalisation des revenus futurs.

Mais la question peut être précisée. Par exemple parmi les détenteurs de biens immobiliers certains ont-ils vu leur patrimoine s'accroître davantage que d'autres ? En France les seules données de différenciation des prix des biens immobiliers sont la localisation et le type de logement, appartements ou maisons. Pour autant qu'on puisse le dire les disparités entre les détenteurs de ce type de patrimoine se sont peu accrues. Bien entendu si l'on concentre son observation sur des fractions encore plus réduites du parc, on peut voir apparaître des disparités plus importantes.

Du côté de la détention de parts d'entreprises, les phénomènes sont différents. On a déjà observé que la croissance était très différenciée selon les activités économiques. Des activités sont arrivées à maturité. La production sert essentiellement à satisfaire les besoins de remplacement. C'est le cas par exemple de la production de véhicules automobiles. Et les perspectives de croissance future sont médiocres. La production s'accroit pour les véhicules électriques où la valeur ajoutée est moindre (hors batterie). Un marché de renouvellement et un produit de moindre valeur ajoutée offrent donc de médiocres perspectives de croissance. De ce fait les valeurs patrimoniales des entreprises investies dans ces activités sont également médiocres. Mais celles des entreprises investies dans la part du marché en croissance, celle des véhicules électriques, comme Tesla, ont une valeur patrimoniale à la fois croissante et considérable.

Mais il existe des activités encore en croissance voire naissantes. Ces activités sont porteuses d'activité future. C'est le cas notamment des start-ups de l'économie numérique. Étant susceptibles de générer d'importants revenus futurs, elles ont quelques fois aussi une valeur patrimoniale importante. C'est une source d'inégalité avec les détenteurs de patrimoine investi dans les activités à maturité. Mais il existe une autre source d'inégalités de patrimoine dans les activités naissantes. Les entreprises qui ont été créées pour réaliser ces activités l'ont été presque systématiquement par des individus, uniques ou réunis à quelques-uns. C'est le cas des plus grandes entreprises de l'économie numérique. Ces personnes ont investi au départ un capital minime, auquel se sont adjoints d'autres apporteurs de capitaux. Mais quand les perspectives de revenus futurs se sont révélées considérables, la valeur du capital initial a augmenté dans les mêmes proportions, manifestant ainsi l'écart croissant entre capital et patrimoine.

Il faut souligner que tous les investissements réalisés y compris dans une même activité ne connaissent pas la même évolution. Il en est des entreprises comme des êtres vivants. Un phénomène de sélection élimine les moins performants ou, à tout le moins, ne leur permet pas d'atteindre la même valeur patrimoniale que les plus performants. On se souvient que Yahoo a été le premier moteur de recherche au démarrage de cette activité avant de se voir supplanté par Google. On se souvient aussi que Nokia a été le premier producteur de téléphones mobiles avant de rater le passage au smartphone et de se voir dépassé par Apple et Samsung. Leur valeur patrimoniale en a subi le contrecoup. Et encore ces entreprises existent encore. Combien de start-ups ont été rachetées, voire ont purement et simplement disparu, faisant ainsi fondre toute valeur patrimoniale. Dans ce processus, les capitaux investis initialement ont été absorbés dans les dépenses d'équipement et surtout de personnel. Le travail a ainsi absorbé le capital et non l'inverse.

Pour les entreprises qui ont réussi, le succès n'est pas garanti de manière permanente. Tel qu'il est anticipé par les investisseurs, il conduit à une valeur patrimoniale qui peut être considérable. Que les investisseurs aient des doutes sur les perspectives de l'entreprise et la valeur patrimoniale chute, quelques fois dans des proportions considérables pouvant la ramener à une valeur proche de zéro.

Certaines entreprises rencontrent un grand succès, au moins temporairement, poussant les valeurs patrimoniales à des niveaux très élevées. Leur créateur et accessoirement les autres investisseurs s'enrichissent considérablement. Cet enrichissement n'est en aucune manière un obstacle à la croissance. Il en est la manifestation anticipée. Loin de critiquer ces milliardaires comme accapareurs de la richesse produite il faut les voir comme des producteurs des richesses futures.

L'autre facteur déterminant les valeurs patrimoniales est le taux d'actualisation des revenus futurs, c'est-à-dire le prix du temps. Quand on ramène des revenus futurs à la date présente on les transforme en valeur actuelle en recourant au prix du temps. Transformer des valeurs futures en valeurs actuelles ne les modifie pas, c'est uniquement le coût de la transformation qui joue un rôle. Si le prix du temps est faible, les taux d'intérêt sont faibles et il coûte peu de ramener des revenus futurs. Le taux d'intérêt joue dans le temps le rôle que les coûts de transport jouent dans l'espace. Ils viennent en supplément du prix du bien quand on éloigne ce bien. Ils sont à défalquer du prix du bien quand on le ramène d'une localisation lointaine vers soi.

La question est alors : quel rapport a le taux d'intérêt avec le taux de croissance ? La théorie économique enseigne qu'à long terme le taux de croissance est égal au taux d'intérêt plus le taux de progrès technique. Les investisseurs économiquement rationnels investissent jusqu'au point où la productivité marginale du capital, c'est-à-dire ce qu'il rapporte, est égale à son coût, c'est-à-dire au taux d'intérêt. La productivité marginale du capital est ce qui fait qu'en investissant 100 on obtient un peu plus que 100. C'est donc le taux de croissance. Ce taux est abondé par une ou des sources extérieures, progrès technique exogène ou endogène. Il n'en reste pas moins que le taux d'intérêt est plus aisément contrôlable. Par conséquent une baisse du taux d'intérêt a un effet mécanique positif sur les valeurs patrimoniales, mais un effet négatif plus insidieux sur la croissance à long terme.

Ainsi la réduction des inégalités de patrimoine peut s'opérer sans aucun prélèvement par une simple augmentation du taux d'actualisation, c'est-à-dire du taux d'intérêt. Ce facteur joue de manière identique sur tous les actifs constitués de droits de propriété, immobilière ou mobilière. De ce fait il modifie la distribution des patrimoines entre ceux qui ont ce type d'actifs et ceux qui n'en ont pas, mais il ne modifie pas la répartition des valeurs patrimoniales entre les détenteurs de ce type d'actifs. Les effets d'une variation du taux d'intérêt sur les inégalités de patrimoine sont donc ambigus. Globalement une telle variation impacte les valeurs patrimoniales mais de manière beaucoup moins différenciée que les revenus futurs anticipés des activités et des entreprises au sein d'une même activité.

La baisse des taux d'intérêt, comme leur hausse, dépend de plusieurs facteurs. On a l'habitude de considérer que les taux courts dépendent plutôt des banques centrales, tandis que les taux longs dépendraient davantage d'une logique de marché.

En ce qui concerne les banques centrales, elles gèrent plutôt le court terme. A cet horizon, des taux bas mettent le crédit à bon marché ce qui est censé être bon pour la consommation et l'investissement. Dans ce cas des taux élevés conditionnent négativement la croissance. A long terme, le taux d'intérêt conditionne positivement le taux de croissance puisqu'il est l'objectif de rendement des investissements. Les banques centrales devraient être plus sensibles à la question de l'arbitrage entre le court terme et le long terme. La détermination des taux d'intérêt à long terme est beaucoup moins maîtrisable parce qu'elle obéit davantage à une logique de marché. C'est l'équilibre entre la demande de financement et l'offre résultant de l'épargne qui définit les taux de long terme. Cet équilibre est assez largement défini au niveau mondial eu égard à la grande liberté de circulation des capitaux. Cela dit les taux courts et les taux longs ne sont pas totalement indépendants les uns des autres, d'une part parce que les banques centrales prennent en considération l'état des marchés financiers pour déterminer les taux courts, et inversement parce que les marchés ne sont pas indifférents aux politiques monétaires des banques centrales. En définitive, structurellement, les taux longs sont habituellement plus élevés que les taux courts et tendanciellement les taux courts et longs évoluent dans le même sens. Il peut arriver qu'il y ait occasionnellement une inversion de la courbe des taux où les taux cours passent au-dessus des taux longs, ce qui est l'expression d'une anticipation par les marchés d'un ralentissement de l'activité économique.

Finalement l'accroissement actuel des inégalités de patrimoines est partiellement dû au même facteur qui est à l'origine de la faible croissance, à savoir les bas taux d'intérêt. Il est dû aussi à l'émergence de nouvelles activités porteuses de croissance future. L'accroissement actuel des inégalités de patrimoine est donc ambigu dans sa relation à la croissance. Elles sont à la fois la manifestation de la croissance future, l'émergence de nouvelles activités, et la conséquence d'un facteur de réduction de la croissance future, la baisse des taux d'intérêt.

Conclusion

1 Retour sur le paradigme initial

Le point de départ était le point de vue dominant sur les inégalités : les plus riches prélèvent plus sur la richesse produite, accumulant ainsi davantage de capital-patrimoine au lieu de le dépenser pour alimenter la croissance. On a examiné ces assertions en les confrontant aux faits avérés et documentés en France par la statistique publique pour constater que l'essentiel de ces assertions est inexact en ce qui concerne les trois dernières décennies.

Les riches ne prélèvent pas davantage de la richesse produite : le partage de la valeur ajoutée entre la rémunération du capital et celle du travail est inchangé depuis 30 ans. En ce qui concerne les rémunérations salariales, la hiérarchie des salaires est tout à fait stable depuis des décennies. Plus en aval, l'évolution des niveaux de vie, c'est-à-dire le revenu corrigé de la taille et de la composition familiale, ne fait pas apparaître d'accentuation des inégalités depuis 20 ans, sans même prendre en compte les effets redistributifs des services publics.

En revanche les patrimoines ont bien connu une évolution différenciée, mais celle-ci n'est due que partiellement à l'accumulation. L'essentiel de la valorisation de certains actifs patrimoniaux, notamment les droits de propriété immobilière et mobilière, est due à la baisse des taux d'intérêt. L'exemple le plus manifeste est celui de la valorisation des patrimoines immobiliers qui ont connu un doublement des prix qui ne doit rien à l'évolution des loyers.

L'accentuation de la disparité des patrimoines est due aussi à l'émergence de nouvelles activités porteuses de revenus futurs qui se capitalisent dans les valeurs mobilières représentatives de ces activités.

Quant au lien entre les inégalités de patrimoine et la croissance telles qu'elles se sont manifestées dans ces dernières décennies, il n'est pas celui évoqué. Il est beaucoup plus ambigu. D'un côté, la baisse des taux d'intérêt contribue à l'accroissement des valeurs patrimoniales dans la capitalisation des revenus futurs. C'est ce qui explique notamment l'augmentation des valeurs des actifs immobiliers. En revanche la baisse des taux contribue à la faible croissance puisque celle-ci s'ajuste sur le taux d'intérêt (plus le progrès technique). D'un autre côté, une partie de l'accroissement des valeurs patrimoniales est imputable à des anticipations de revenus futurs élevés qui sont l'expression d'une activité économique soutenue et donc de croissance. C'est en particulier le cas avec l'émergence d'entreprises dans des nouvelles activités liées à l'utilisation d'internet.

Notons finalement que les contempteurs des inégalités les voient comme un frein ou un obstacle à la croissance. Ils ne sont donc pas des opposants à cette dernière.

On peut aussi s'interroger sur le succès des thèses mettant l'accent sur les inégalités de toutes sortes qui sont à l'origine d'une espèce de prurit des inégalités.

2 Le prurit des inégalités : de quoi est-il le signe ?

Les inégalités sont devenues un thème récurrent dans les médias, les discours politiques et les analyses de toutes sortes. De quoi est-ce la manifestation ? Ce n'est que partiellement la manifestation d'un accroissement effectif des inégalités parce que seules certaines inégalités se sont accrues. Comme on ne précise pas toujours de quelles inégalités on parle, cette thématique permet à chacun de se reconnaître dans une vision dénonciatrice de la réalité sociale. En ce sens c'est un discours unanimiste puisque chacun peut se sentir affecté par les inégalités : il y a toujours plus riche que soi parce qu'on regarde les situations supérieures à la sienne plutôt que celles des moins bien lotis. Mais en même temps le discours sur les inégalités met l'accent sur certains aspects de la différenciation sociale. Ce discours réussit donc l'exploit de faire consensus sur des aspects de différenciation voire de clivage de la population. Par voie de conséquence, il n'a pas vocation à déboucher sur des actions qui ne pourraient que mettre en péril son essence contradictoire.

Ce discours prend la suite des analyses de classes fort courantes dans les années 70 et 80 et assez largement tombées en désuétude depuis. Ces analyses avaient l'avantage de présenter un pouvoir explicatif plus important que celle en termes d'inégalités puisque l'appartenance de classe était fondée sur une vision globale de la société. Les classes sont définies par leur place dans l'appareil productif et se manifestent par une éventuelle conscience de classe. En revanche, les inégalités sont un fait qui est énoncé sans explication autre que triviale et largement fausse (les riches prélèvent plus sur la richesse produite), et qui est dénoncé sans proposer une grille d'analyse pertinente qui rendrait leur réduction éventuellement possible.

3 Faut-il réduire les inégalités ?

On a fait remarquer au début de ce texte que le terme inégalité a une connotation négative qui convient mal à la qualification scientifique du phénomène. Il vaudrait mieux utiliser un terme plus neutre en introduisant une certaine distanciation avec l'objet. Le terme de distribution conviendrait mieux à cet égard. En utilisant le terme d'inégalités qui est connoté négativement on introduit implicitement que l'idée que les inégalités doivent être réduites. On peut considérer effectivement que les inégalités sont condamnables mais c'est la manifestation d'un point de vue subjectif, ce n'est pas le résultat d'une démonstration. La question est de savoir s'il y a des raisons économiques à réduire les inégalités. On a vu qu'il n'existe pas de raison déterminante à ce sujet.

Quand on parle de raisons économiques, on considère que l'économie n'épuise pas la réalité sociale et qu'il peut y avoir des raisons sociologiques, par exemple du point de vue de la cohésion sociale. Mais cela reste à démontrer. Le plus souvent, la réduction des inégalités est présentée comme un objectif en soi qui n'a pas à être justifié autrement que par le désir d'une majorité de citoyens. Dès lors la question est comment réduire les inégalités de revenu ? On peut toujours prélever davantage sur les riches pour donner aux plus modestes. On a évoqué l'éventualité d'une redistribution plus accentuée vers les personnes en dessous du seuil de pauvreté. On a conclu que si on prélevait davantage sur le 1% des revenus les plus élevés dont la part a légèrement crû, cela n'affecterait que fort peu la distribution générale des revenus. En revanche l'augmentation des transferts vers les plus modestes risquerait d'indisposer ceux qui perçoivent un revenu d'activité de peu supérieur.

La réduction des inégalités vers le bas, c'est-à-dire l'amélioration du revenu des plus modestes serait opérée de façon plus satisfaisante en ramenant ces personnes sur le marché du travail de telle sorte qu'elles bénéficient d'un revenu d'activité supérieur au revenu de transfert. Cette question relève pour une large part de l'économie. Mais les solutions n'apparaissent pas de manière évidente. Il s'agit d'abord d'un problème quantitatif, en ce sens qu'il n'y a pas assez d'emplois pour tous les sans-emplois. C'est aussi un problème qualitatif d'adéquation des personnes disponibles aux emplois, ou l'inverse.

Quant à la réduction des inégalités de patrimoine, on peut l'obtenir globalement en réduisant la valeur des patrimoines constitués de droits de propriété par l'augmentation des taux d'intérêt. Quand les taux augmentent les valeurs patrimoniales baissent. On peut aussi retirer la propriété d'une partie des patrimoines, notamment financiers, des plus nantis, pour la redistribuer aux autres. Cette redistribution n'aura d'effets réels que lorsque ces droits auront été monétisés.

Il est donc plus difficile de lutter contre les inégalités de patrimoine que contre les inégalités de revenu en les prenant à leur source, dans la mesure où les patrimoines sont largement virtuels. Par ailleurs une telle action peut avoir un effet négatif sur l'activité future, c'est-à-dire la croissance.

3 La croissance pour l'espèce humaine

Quel rôle joue la croissance économique pour l'espèce humaine ? Certains la fustigent quand d'autres la défendent et la recherchent. En réalité la croissance dépasse le cadre économique car elle est inscrite dans la nature du vivant. Les espèces vivantes quelle que soit leur nature tendent à proliférer et à coloniser autant d'espace qu'elles le peuvent et cela tant que les ressources le leur permettent. Pour l'espèce humaine, depuis le passage de la chasse et la cueillette à la culture et à l'élevage, la prolifération et la colonisation prennent une double forme ; d'abord celle de l'accroissement de la population qui est passée d'un effectif de quelques dizaines de milliers d'êtres humains à près de 7,7 milliards actuellement ; ensuite celle de l'accroissement des biens et services nécessaires ou agréables à l'existence, c'est-à-dire la croissance économique par tête. C'est elle qui a permis le passage de conditions de vie qui assuraient la simple survie pendant une durée de vie limitée, au bien-être actuel pendant une durée de vie plus longue. C'est elle qui a rendu plus facile la vie quotidienne pour l'obtention des biens de base, nourriture, habillement, logement. C'est elle qui permet d'aller de l'autre côté de la terre en quelques heures. C'est elle qui permet de soigner et guérir certaines maladies, permettant une espérance de vie jusqu'aux limites physiques de survie.

Dans ce processus, les individus se sont sédentarisés, ce qui a permis à la fois l'expansion de la production et rendu nécessaire une nouvelle production, celle des bâtiments pour abriter les personnes et leurs activités. C'est d'ailleurs la valeur de ces biens immobiliers qui constitue l'essentiel des valeurs patrimoniales. Les autres actifs, les entreprises, sont grevés d'un passif qui rend leur valeur nette modeste par rapport aux actifs immobiliers.

Cette croissance s'est réinventée continuellement, passant de la fabrication d'outils en silex à l'utilisation des métaux, inventant au 18ème siècle le moyen de produire de l'énergie de manière plus importante, indépendamment des conditions climatiques. Elle a ensuite permis la mobilité de cette énergie et le développement de moyens de déplacements plus rapides. Elle a enfin permis de s'affranchir de l'attraction terrestre avec les avions et les fusées.

Dans ce processus de multiplication des individus et d'amélioration de leurs conditions de vie, les humains ont repoussé les autres espèces animales sur des espaces plus restreints, et en ont fait disparaître. Ils ont exploité massivement certaines ressources, ce qui les oblige maintenant à en trouver de nouvelles et/ou à les utiliser de manière plus économique. Cette dynamique n'est pas une tare de l'espèce humaine mais une caractéristique du vivant. Les autres espèces se comportent de la même manière quand elles en ont l'occasion. Inversement il n'y a nul doute que les êtres humains sauront faire face à la nouvelle situation actuelle comme ils ont dû le faire dans des situations similaires antérieures.

Grâce à ce processus, l'espèce humaine a colonisé tous les espaces possibles, en s'adaptant à des environnements particulièrement difficiles jusqu'à la région arctique. Dans cette région elle a réussi à s'implanter et à vivre en ne recourant qu'à des produits animaux, faute de végétaux. Elle a donc fait face à des défis qu'elle s'est elle-même imposés. Elle doit encore le faire actuellement. Elle a toutes les capacités d'y parvenir.

La capacité à faire face aux nouveaux défis que pose la croissance suppose de reconnaître et de comprendre les réalités économiques jusques et y compris dans leur dimension environnementale. Or ce que l'on constate est plutôt une tendance au déni des réalités économiques et à une idéologisation de leur interprétation.

4 Tendance au déni des réalités économiques

Il est assez courant d'entendre ou de lire des dénonciations de la situation économique en termes d'inégalités ou d'atteintes à l'environnement. On trouve par exemple la formule selon laquelle le « capital mondialisé accumule pour lui-même en détruisant la planète »[64]. C'est ignorer l'interdépendance des situations économiques des individus. Le capital n'accumule pas, ce sont les capitalistes qui le font. Ils ne le font pas que pour eux-mêmes, ils accumulent aussi pour les autres, c'est-à-dire pour nous-mêmes, qui contribuons donc aussi à la destruction de la planète. Le capital n'est pas une entité dépersonnalisée qui agit indépendamment du reste de l'humanité, voire contre elle. Le capital est la concrétisation de mécanismes économiques auxquels participent la majorité des humains. Nous sommes les porteurs de ces mécanismes économiques en tant que contributeurs à l'activité économique, en tant que consommateurs, voire en tant que décideurs. L'accumulation du capital est aussi l'expression de nos propres intérêts économiques et ceux des autres personnes

---

[64] In « Démocratiser l'entreprise pour dépolluer la planète » manifeste de divers auteurs, Le Monde des 17-18/05/2020.

dont nous sommes solidaires, au sens premier du terme, c'est-à-dire celui de dépendance réciproque.

La réalité économique est présentée de manière dichotomique selon laquelle il y aurait d'un côté le capital ou la finance mondialisée et de l'autre l'humanité victime de ses actions. En fait il y a du côté du « capital », des personnes qui sont des acteurs de l'économie et qui tâchent de satisfaire une demande en assurant un équilibre économique sans lequel aucune institution ne peut fonctionner durablement. C'est vrai dans le domaine des biens et services dont nous sommes demandeurs. C'est vrai aussi dans le domaine de la finance où des intermédiaires font se rencontrer des demandeurs de crédit, notamment les états, et les épargnants, et font également se rencontrer des demandeurs de capitaux et des investisseurs. L'équilibre de ces offres et demandes est assuré par les taux d'intérêt et les taux de rendements. Par ailleurs ces taux n'ont jamais été aussi bas, preuve que le « capital » est de moins en moins rentable et donc qu'il absorbe de moins en moins de richesse produite.

Finalement, n'y a-t-il pas une certaine tendance à ignorer voire à dénier les réalités économiques ? Toutes les réalisations humaines les plus valorisées que ce soient les monuments, les événements, la conquête spatiale etc., comme les plus décriées, les guerres par exemple, n'ont pu exister que par l'économie, c'est-à-dire la mobilisation de moyens matériels et humains, qui ont été produits dans le respect d'une logique de coûts. Or le plus souvent quand ces grandes réalisations humaines sont évoquées, on indique rarement, ou alors de manière allusive, le poids de l'économie. La victoire dans un conflit dépend non seulement de la cause défendue mais aussi et surtout des différences de moyens des belligérants. Combien cela a-t-il coûté et qui a payé sont rarement des questions traitées. Or elles sont cruciales et souvent décisives. L'Égypte antique n'aurait jamais réussi à élever les pyramides phénoménales comme elle l'a fait si elle n'avait pas été un pays économiquement suffisamment riche pour dégager les ressources matérielles et humaines nécessaires. Les États-Unis n'auraient jamais réussi à dépasser l'Union soviétique dans la conquête spatiale s'ils n'avaient pas été économiquement supérieurs. Les réalités économiques ne font pas tout mais elles finissent par être décisives. Il est temps de les observer de manière un peu plus objective. On s'est évertué dans cet ouvrage à identifier les mécanismes qui sont à l'œuvre mais il est plus commode de les ignorer et de dénoncer les inégalités sur la base d'idées simples mais largement erronées.

Table des matières

Table des graphiques

Liste des tableaux

Structures éditoriales du groupe L'Harmattan

L'Harmattan Italie
Via degli Artisti, 15
10124 Torino
harmattan.italia@gmail.com

L'Harmattan Hongrie
Kossuth l. u. 14-16.
1053 Budapest
harmattan@harmattan.hu

L'Harmattan Sénégal
10 VDN en face Mermoz
BP 45034 Dakar-Fann
senharmattan@gmail.com

L'Harmattan Cameroun
TSINGA/FECAFOOT
BP 11486 Yaoundé
inkoukam@gmail.com

L'Harmattan Burkina Faso
Achille Somé – tengnule@hotmail.fr

L'Harmattan Guinée
Almamya, rue KA 028 OKB Agency
BP 3470 Conakry
harmattanguinee@yahoo.fr

L'Harmattan RDC
185, avenue Nyangwe
Commune de Lingwala – Kinshasa
matangilamusadila@yahoo.fr

L'Harmattan Congo
67, boulevard Denis-Sassou-N'Guesso
BP 2874 Brazzaville
harmattan.congo@yahoo.fr

L'Harmattan Mali
ACI 2000 - Immeuble Mgr Jean Marie Cisse
Bureau 10
BP 145 Bamako-Mali
mali@harmattan.fr

L'Harmattan Togo
Djidjole – Lomé
Maison Amela
face EPP BATOME
ddamela@aol.com

L'Harmattan Côte d'Ivoire
Résidence Karl – Cité des Arts
Abidjan-Cocody
03 BP 1588 Abidjan
espace_harmattan.ci@hotmail.fr

Nos librairies en France

Librairie internationale
16, rue des Écoles
75005 Paris
librairie.internationale@harmattan.fr
01 40 46 79 11
www.librairieharmattan.com

Librairie des savoirs
21, rue des Écoles
75005 Paris
librairie.sh@harmattan.fr
01 46 34 13 71
www.librairieharmattansh.com

Librairie Le Lucernaire
53, rue Notre-Dame-des-Champs
75006 Paris
librairie@lucernaire.fr
01 42 22 67 13

www.ingramcontent.com/pod-product-compliance
Lightning Source LLC
LaVergne TN
LVHW011013061026
849535LV00006B/1861
* 9 7 8 2 3 4 3 2 3 6 7 0 4 *